Hans-Joachim Eckstein



# Du bist Teil seiner Geschichte

## Das Geheimnis des Glaubens

SCM
Hänssler

SCM

Stiftung Christliche Medien

Der SCM-Verlag ist eine Gesellschaft der Stiftung Christliche Medien, einer gemeinnützigen Stiftung, die sich für die Förderung und Verbreitung christlicher Bücher, Zeitschriften, Filme und Musik einsetzt.

Dr. Hans-Joachim Eckstein ist Professor für Neues Testament an der Evangelisch-theologischen Fakultät der Universität Tübingen.
www.ev-theologie.uni-tuebingen.de/hjeckstein



FSC
www.fsc.org
MIX
Papier aus verantwortungsvollen Quellen
FSC® C006701


Verlagsrecht dieser Ausgabe:
SCM Hänssler im SCM-Verlag GmbH & Co. KG
71088 Holzgerlingen
Internet: www.scm-haenssler.de; E-Mail: info@scm-haenssler.de



Umschlaggestaltung: Ann-Marie Falk, Heidelberg
Titelbild: istockphoto.com
Satz: typoscript GmbH, Walddorfhäslach
Druck und Bindung: CPI – Ebner & Spiegel, Ulm
Gedruckt in Deutschland
ISBN 978-3-7751-5603-5
Bestell-Nr. 395 603

## GLAUBE NUR!

Glauben bedeutet,
sich selbst und andere
mit den Augen Gottes
zu sehen.

Glauben bedeutet,
sich mit Gott
und an ihm zu freuen.

Glauben bedeutet,
sich auf Gott zu verlassen,
um in ihm gelassen zu sein.

# CHRISTUS ALLEIN – ALLEIN DIE SCHRIFT

## EINE EINFÜHRUNG

»Christus allein« – *solus Christus* –, das war der stolze und mutige Ruf der Reformation. »Christus allein« war bereits das einmütige Bekenntnis der ersten Christen, die angesichts verschiedener Religionen und gegensätzlicher Wahrheitsansprüche zum Glauben an ihren Herrn, Jesus Christus, fanden. Diese Konzentration auf Christus ist auch der Schlüssel und die Mitte der neutestamentlichen Schriften, die die Gewissheit der Liebe und Zuwendung Gottes zu den Menschen zentral in der Botschaft vom gekreuzigten und auferstandenen Sohn Gottes begründet sehen. Nirgends hat Gott so eindeutig aus Liebe gehandelt wie in Christi Kommen und Wirken, in seinem Leiden und in seiner Auferstehung. Hier ist Gottes neue Geschichte mit seinen Menschen bereits sichtbar angebrochen, und hier hat sich Gott in die geschichtliche Wirklichkeit hinein selbst mitgeteilt.

Angesichts des Redens Gottes durch Jesus Christus und im Hinblick auf dessen einzigartige Beziehung zu seinem himmlischen Vater müssen sogar alttestamentliche Autoritäten wie Mose und Elia zurücktreten: »*Dies* ist mein geliebter Sohn, *ihn* sollt ihr hören! Und auf einmal, als sie um sich blickten, sahen sie niemand mehr bei sich als *Jesus allein*« (Mk 9,7 f.). Das Zeugnis des Evangeliums nach Johannes lässt sich in den Worten Jesu aus Joh 14,6 zusammenfassen: »Ich bin der Weg und die Wahrheit und das Leben; niemand kommt zum Vater außer durch mich.« So verkünden es dann nach Ostern auch die Apostel gegenüber Israel und den Völkern, dass in keinem anderen als Christus das Heil ist und dass den Menschen unter dem Himmel kein anderer Name gegeben ist, durch den sie gerettet und selig werden sollen (Apg 4,12). Jesus Christus gilt hier unbestritten als das einzig legitime Fundament des Glaubens und der Gemeinde (1. Kor 3,11).

Wenn »Christus allein« Grundlage, Inhalt, Maßstab und Herr des persönlichen Lebens, der Verkündigung und der Gemeinschaft der Gläubigen sein soll, dann ergeben sich daraus folgerichtig weitere Konsequenzen. Da diese Wahrheit des Evangeliums von Jesus Christus verlässlich und klar in dem Zeugnis seiner Apostel überliefert ist, gilt folgerichtig zugleich auch das Bekenntnis: »Allein die Schrift!« – *sola scriptura*. Allein die Schrift kann und soll Quelle, Orientierung und verbindliche Vorgabe der kirchlichen Lehre und Verkündigung, der ethischen Orientierung und Lebensgestaltung sein – für die einzelnen Gläubigen wie für die Gemeinde Jesu

Christi als ganze. Weder soll ein menschliches Leitungs- oder Lehramt – ob kirchlich, politisch oder theologisch – an die Stelle des einen Herrn, Jesus Christus, treten können, noch sollen die Tradition an sich oder die Orientierung an den Gepflogenheiten der zeitgenössischen Gesellschaft an die normierende Autorität der »Heiligen Schrift« heranreichen dürfen. Dies gilt nicht weniger gegenüber jedem Anspruch subjektiver Offenbarungen und persönlicher Eingebungen.

Sie alle sind jeweils aufmerksam wahrzunehmen, kritisch zu prüfen, und bei Übereinstimmung mit der »Norm gebenden Norm« des Wortes Gottes dürfen sie getrost gehört und einbezogen werden, sie können aber nicht geistliche Entscheidungen gegen die eindeutige, vielfache und von Christus her nachvollziehbare Bezeugung der Schrift rechtfertigen. So schwierig es für die Gemeinde auch im Einzelfall sein mag, in konkreten aktuellen Auseinandersetzungen eine Übereinstimmung auf Grundlage der in der Schrift bezeugten Wahrheit des Evangeliums von Jesus Christus zu finden, so würde ihre Einheit bei Preisgabe dieser Mitte jedenfalls verloren gehen.

Die folgenden Ausführungen widmen sich der Entfaltung dieser Konzentration auf Christus, dessen Evangelium in der Verkündigung seiner Apostel bezeugt und in den Schriften des Neuen Testaments überliefert ist. Dabei gilt die besondere Aufmerksamkeit den beiden weiteren exklusiven Bestimmungen: »allein durch Glauben« – *sola fide* – und »allein aus Gnade« – *sola gratia*. Ist die Bedeutung des Glaubens und der Gnade denn in gleicher Weise ausschließlich und umfassend zu verstehen? Sollte neben den Glauben nicht auch das eigene Handeln treten und neben die Gnade nicht auch die eigene Verantwortung und die selbstständige Entfaltung der Persönlichkeit? Was ist das Geheimnis des Glaubens, dass ihm in seiner Bindung an die Gnade Gottes eine so einzigartige Bedeutung zukommt?

Das Besondere an dem vorliegenden Buch ist sein doppelter Zugang zum Thema. Wer zunächst eine gedankliche Entfaltung und vernünftige Erklärung des Glaubens erwartet, wird im ersten Teil fündig werden. Wer hingegen vor allem an den praktischen Konsequenzen und persönlichen Folgerungen für einen lebenswerten Glauben und ein glaubwürdiges Leben interessiert ist, darf getrost im zweiten Teil bei den Gedanken, Gebeten und Gedichten einsetzen. Beide formal so verschiedenen Teile verstehen sich als Ergänzung und sind wechselseitig aufeinander bezogen.

Ob wir uns zuerst über den Kopf ansprechen lassen oder zugleich über Bauch und Herz, ob wir die Wahrheit für unser Leben eher vernünftig bedenken wollen oder in einer anschaulichen und ganzheitlichen Wahrnehmung – wir entdecken durch den Glauben, wie viel Gottes Geschichte mit uns zu tun hat und wie sehr wir zu ihr gehören. Als Glaubende wollen wir nicht selbst Geschichte machen; wir wollen teilhaben an Gottes geschichtlichem Handeln in Jesus Christus – und darin erweisen wir uns als Teil seiner Geschichte mit dieser Welt.

*Hans-Joachim Eckstein*

# ALLEIN DURCH GLAUBEN!

## DIE EINZIGARTIGE BEDEUTUNG DES GLAUBENS

Ein Glaube ohne Hoffnung ist wie Regen ohne Wasser. Ein Glaube ohne Liebe ist wie eine Sonne ohne Schein. Und könnten beide, die Liebe und die Hoffnung, nicht im Glauben gründen, dann wären sie wie ein Segel ohne Wind und wie ein Schiff auf trockenem Land.

Neben der Liebe und der Hoffnung gilt der Glaube als das dritte entscheidende Wesensmerkmal des christlichen Lebens und ist mit diesen beiden untrennbar verbunden. Und dennoch fällt es uns heute oft schwer, unseren Alltag im Licht eines lebenswerten Glaubens zu sehen und als glaubwürdiges Leben zu gestalten.

Wie lernen wir zuversichtlich und vertrauensvoll zu glauben? Woran liegt es, dass wir die Wirklichkeit unseres Glaubens kaum erfahren? Warum verlieren wir das, was uns so wichtig ist, immer wieder aus dem Blick? Erwarten wir zu viel vom Leben – oder nur das Falsche? Überfordern wir uns selbst – oder fordern wir uns zu wenig?

Es sind immer wieder die grundlegenden Fragen, die uns bewegen; und es sind meist die konkreten

Begegnungen, Anstöße und Gedanken, die uns zu neuen Glaubensschritten motivieren. Denn das Geheimnis des Glaubens erschließt sich im Vollzug des Lebens, und die Erkenntnis der Liebe drängt darauf, gelebt zu werden. Selbst die Hoffnung, die auf unsere Zukunft ausgerichtet ist, wirkt immer zugleich auf unser gegenwärtiges Erfahren und Handeln zurück.

Wie gehören also Glaube und Erfahrung zusammen? Glauben wir, weil wir erfahren, oder erfahren wir, weil wir glauben? Trägt der Glaube die Erfahrung oder die Erfahrung den Glauben? Worin gründet die Gewissheit des Glaubens? Und wie äußert sie sich im eigenen Leben? Gibt es eine Form des Glaubens, bei der die unglücklichen Gegensätze von Vernunft und Glauben überwunden werden können und Kopf, Bauch und Herz zugleich angesprochen sind? Und vor allem – was meinen wir als Christen denn genau, wenn wir vom *Glauben* reden?

## BESINNUNG AUF DEN AUSGANGSPUNKT DER ZIELE

Es mag als naheliegend, für viele vielleicht als selbstverständlich erscheinen, dass wir das Thema »Glaube« im Gespräch mit den neutestamentlichen Schriften – und hier speziell mit Paulus als einem der bedeutendsten Theologen unter den neutestamentlichen Verfassern – entfalten wollen. Entspricht dies nicht dem vertrauten Grundsatz unserer Tradition: »allein die Schrift« – *sola scriptura*? Und lässt uns nicht schon die Rede vom »Urchristentum« und der »Urgemeinde« an das *Ideal* und *Vorbild* unserer christlichen Überlieferung denken?

In Situationen der Krise und der Orientierungslosigkeit kann der sicherste Fortschritt für uns als Individuen wie als Gemeinschaften in der Tat darin bestehen, dass wir nicht unbedacht weiterlaufen, sondern anhalten und uns auf den Ausgangspunkt unserer Ziele besinnen. Gleich einem Wanderer im Moor, der spürt, dass der Boden unter ihm nachgibt, ziehen wir uns unwillkürlich zurück zu dem Punkt unseres Weges, an dem wir noch sicheren Boden unter den Füßen hatten, um uns neu zu orientieren. Dabei darf es nicht um ein zurückgewandtes und lebensängstliches Flüchten in die Vergangenheit gehen, sondern vielmehr um eine *Wiedergewinnung der Perspektive*, die uns vormals motivieren und unsere Wirklichkeit verändern konnte. Wir wollen uns die Vergangenheit um ihrer verheißungsvollen und noch offenen Zukunft willen vergegenwärtigen.

Die Rückbesinnung auf die Wurzeln unseres Glaubens führt ohnehin nicht zu einem verklärten Bild der ersten Christen und Gemeinden, bei denen alles noch dem Ideal entsprach und in Ordnung war. Vielmehr wird sich sehr schnell zeigen, dass es gerade der Umgang der ersten Christen mit außergewöhnlichen *Herausforderungen* und *Schwierigkeiten* ist, der uns bei der eigenen Bewältigung unserer Aufgaben noch heute Orientierung schenken und Motivation sein kann.

In der Tat bilden das Hauptwort »Glaube« und das Zeitwort »glauben« nicht erst in der Neuzeit, sondern von Anfang an einen – wenn nicht *den* – Zentralbegriff zur Beschreibung des rechten Gottesverhältnisses und zur Bezeichnung des Wesentlichen der christlichen Religion überhaupt. Dies zeigt sich schon rein formal an der Häufigkeit der Verwendung des Glaubensbegriffs im Neuen Testament: »Glaube« und »glauben« sind je 243-mal belegt[1]; und nur in den beiden kürzesten neutestamentlichen Schriften, dem 2. und 3. Johannesbrief, findet sich der Begriff nicht. In den Paulusbriefen kommt der Glaubensbegriff insgesamt 196-mal vor, und allein im Johannesevangelium findet sich das Zeitwort »glauben« 98-mal.[2]

Entscheidender als die reinen Zahlen ist allerdings die programmatische und umfassende Weise der Verwendung des Glaubensbegriffs in den frühchristlichen Schriften. So kann Paulus in Gal 3, 23.25 vom »Gekommensein des *Glaubens*« reden, um das mit Christus gekommene Heil und Leben insgesamt zu umschreiben; und in Röm 12,6 nennt er als verbindlichen Maßstab für jede Predigt der christlichen Propheten »die Übereinstimmung mit dem *Glauben*«. Die ersten Christen bezeichneten sich schlicht als »die Glaubenden«[3]; und wollten sie das Christ-Werden, den Übertritt zur christlichen Religion und den Eintritt in die christliche Gemeinschaft, treffend benennen, sprachen sie vom »Zum-Glauben-Kommen«[4].

Nach dem Zeugnis aller vier Evangelien war es bereits Jesus selbst, der das Thema des Glaubens in den Mittelpunkt seiner Verkündigung und Lehre stellte. So beginnt das öffentliche Wirken Jesu nach dem Markusevangelium mit den programmatischen Worten Jesu: »Die Zeit ist erfüllt, und die Königsherrschaft Gottes ist gekommen – d.h. sie ist da. Kehrt um, und glaubt an das Evangelium!« (Mk 1,15). Hier wird nicht nur von dem nahen Bevorstehen der heilvollen Gottesherrschaft gesprochen, sondern bereits von ihrem Dasein, ihrem gegenwärtigen Angebrochensein in der Person und dem Wirken Jesu.[5]

Diese »Gute Nachricht« von Gottes Zuwendung, seiner Offenbarung und Gegenwart in Jesus Christus, sollen die Männer und Frauen, die ihm nachfolgen, ihm glauben und in ihren Herzen bei allem, was sie im Gebet erbitten, nicht zweifeln: »Habt Glauben an Gott!« (Mk 11,22 ff.). Einem wegen der todbringenden Krankheit seiner Tochter verzweifelten Vater spricht Jesus zu: »Fürchte dich nicht, glaube nur!« (Mk 5,36) – und erweckt sie zu neuem Leben. Als der Vater eines besessenen Jungen ihn eindringlich bittet: »Wenn du es vermagst, hilf uns, und erbarme dich unser!«, spricht er ihm zu: »Wenn du es vermagst? Alles ist möglich dem, der glaubt!« Und er erlöst den Sohn auf die flehentliche Bitte seines Vaters hin: »Ich glaube; hilf mir im Hinblick auf meinen Unglauben!« (Mk 9,22-24).

In diesem Glauben an Gottes rettende und wirksame Gegenwart in Jesus Christus werden Kranke geheilt – unabhängig von der Art und Schwere ihrer Not und ungeachtet ihrer eigenen Voraussetzungen und Möglichkeiten. Die im Evangelium zugesagte ganzheitliche Rettung, Heilung und Bewahrung wird allein im Glauben geschenkt. »Dein Glaube hat dich geheilt!«, »Dein Glaube hat dich gerettet!«, vergewissert Jesus deshalb wiederholt die bei ihm Hilfe Suchenden (Mk 5,34; 10,52).[6] Und er beklagt den fehlenden Glauben nicht nur bei den Fernstehenden (Mk 6,5 f.), sondern vor allem bei seinen eigenen in Not geratenen Nachfolgern: »Was seid ihr so furchtsam? Habt ihr noch immer keinen Glauben?« (Mk 4,40; vgl. 9,19).[7]

## HEISST GLAUBEN »NICHT WISSEN«?

Doch was verstanden die ersten Christen genau unter »Glaube« und »glauben«? Was sind Bedeutung und Wesensmerkmal dieses Zentralbegriffs der christlichen Gemeinden – zumal der reformatorischen Kirchen – bis heute?

Umgangssprachlich wird der Begriff »glauben« häufig gebraucht, um hervorzuheben, dass sich etwas nur »annehmen« und »vermuten«, aber eben gerade nicht mit Gewissheit sagen lässt – wie in der Redewendung: »Glauben heißt: nicht wissen.« Im Neuen Testament hingegen wird eine Erkenntnis nicht etwa deshalb als »Glaubensaussage« bezeichnet, weil ihr Wahrheitsgehalt dem Bekenner ungewiss oder zweifelhaft wäre. Der Glaubende darf sich seiner Überzeugung durchaus gewiss sein. Was seine Glaubenserkenntnis vom sonstigen menschlichen Wissen unterscheidet, ist nicht etwa ein Mangel an *Gewissheit*, sondern lediglich die *Weise*, in der diese Gewissheit zustande kommt.

Sehr geläufig ist somit *erstens* die Wendung »glauben, *dass* …« in der Bedeutung »für wahr halten«. Hier ist der Glaube also konkret auf einen *Glaubensinhalt* bezogen, er bezeichnet etwas, was geglaubt wird. Die Geretteten »glauben, dass Jesus gestorben und auferstanden ist« (1. Thess 4,14); sie »glauben, dass Gott Jesus von den Toten auferweckt hat« (Röm 10,9). In diesem Sinne lässt sich der *Inhalt* des Glaubens auch von Beginn an in Bekenntnissen formulieren – so, wie wir in unseren Gottesdiensten bis heute das Apostolische Glaubensbekenntnis gemeinsam bekennen.

So wurde den Korinthern nach 1. Kor 15 in der Verkündigung bezeugt, und so haben sie geglaubt (V. 11), »dass Christus gestorben ist für unsere Sünden nach der Schrift; und dass er begraben worden ist; und dass er auferstanden ist am dritten Tage nach der Schrift; und dass er erschienen ist Kephas, dann den Zwölfen« (1. Kor 15,3-5). In diesem Sinne fragt Jesus nach Mt 9,28 auch die beiden Blinden, die ihn um sein Erbarmen bitten: »Glaubt ihr, *dass* ich euch solches tun kann?« Und er heilt sie, als sie seine Frage bejahen, mit der Zusage: »Euch geschehe nach eurem Glauben!« (Mt 9,29).

Dabei kommt es zum Glauben an Gottes Existenz, an seine Zuwendung und sein Handeln nicht aufgrund von »Beweisen« und »eigenen Erfahrungen«, sondern vielmehr dadurch, dass der Mensch von Gott angesprochen und das Evangelium von Christus ihm zugesprochen wird. Der Glaubende wird von der Wahrheit des Evangeliums überzeugt, ohne dass er selbst Zeuge der beschriebenen Ereignisse gewesen sein muss; er kann sich darauf einlassen und verlassen, ohne dass er sie wie andere Tatsachen seines Lebens persönlich nachprüfen und belegen könnte.

So versteht auch Paulus als Gegensatz zum »Glauben« nicht etwa das »*Wissen*«, denn der Glaube ist von Wissen, Erkenntnis und Gewissheit erfüllt. Der Apostel würde in diesem Sinne wohl eher formulieren: »Glauben heißt wissen!« Für ihn ist der Gegensatz zum gegenwärtigen Glauben vielmehr das zukünftige »Schauen« – die »Anschaulichkeit«, »das Sichtbare« der für uns noch zukünftigen himmlischen Welt. »Denn wir wandeln im Glauben und nicht im Schauen, d.h. im Sichtbaren« (2. Kor 5,7). Damit bedeutet Glauben, sich auf Gottes Zusage hin an das zu halten, was man nicht sieht, als würde man es sehen.

Die Glaubenden sind also durchaus davon überzeugt, *dass* Gott ist und dass er *für sie* ist; aber sie können dieses Wissen nicht aus der Geschichte und der eigenen Erfahrung – unabhängig und außerhalb von Christus – ableiten. Sie können ihre Glaubensüberzeugung anderen gegenüber wohl bezeugen und vernünftig erklären, aber eben nicht »beweisen«. Wüssten sie nicht von Gottes Selbstvorstellung und Reden in Christus – von der Verkündigung und dem Wirken Jesu Christi, von seiner Lebenshingabe für uns und seiner Auferstehung –, dann blieben ihre Erkenntnis von Gott und ihre Erfahrung mit der Welt und mit dem eigenen Glauben mehrdeutig und widersprüchlich – und damit gerade nicht vertrauenerweckend und glaubengründend.

Im Glauben gewiss und sogar noch in Anfechtung und Leiden getrost sind sie allein durch den Zuspruch Gottes in seinem Wort. Infolge der Zusage des Evangeliums Jesu Christi können sie fest darauf vertrauen, dass sich Gott dieser widersprüchlichen Welt gegenüber bereits behauptet hat und sich ihr gegenüber endgültig in Liebe und Gerechtigkeit durchsetzen wird. Aber sie nennen diese Gewissheit noch »Hoffnung«, weil sie eben noch nicht für jeden »augenscheinlich« und »offensichtlich« ist – Röm 8,24 f.: »Denn zu solcher *Hoffnung* sind wir gerettet; die Hoffnung aber, die man sieht [d. h. die man schon erfüllt sieht], ist nicht Hoffnung; denn wie kann man auf das hoffen, was man sieht? Wenn wir aber auf das hoffen, was wir nicht sehen, so warten wir darauf in Geduld.«

Der christliche Glaube schließt somit durchaus »Wissen« und »Erkenntnis«, »Fürwahrhalten« und »Bekenntnis« ein. Jedoch wird diese »Überzeugung« weder durch »historischen Beweis« herbeigeführt noch überhaupt als losgelöster »Faktenglauben« dem Menschen selbst vorweg abgefordert – im Sinne von: »Das musst du eben glauben!« Die Offenbarung

Gottes in Jesus Christus ist für die ersten Christen – wenn man es mit neuzeitlicher Begrifflichkeit ausdrücken wollte – sehr wohl »historisch«, d. h. in Zeit und Raum hinein *geschehen*, aber eben nicht »historisch *verifizierbar*«, d. h. mithilfe der menschlichen Vernunft und mit wissenschaftlichen Mitteln auch außerhalb des Glaubens und der Zusage der Schrift *nachzuweisen*. Und die Glaubensüberzeugung gilt sehr wohl als »objektiv begründet« und nicht nur als »subjektiv vermutet«, aber sie lässt sich gegenüber dem Unglauben zur jetzigen Zeit eben noch nicht »objektiv« und unwidersprechlich *beweisen*, sondern nur bezeugen.

## GLAUBEN LEBEN – DER GEHORSAM DES GLAUBENS

Sowohl in den alttestamentlich-jüdischen wie in den neutestamentlichen Traditionen wird durchgängig vorausgesetzt, dass das, was der Glaube »erkennt« und »für wahr hält«, zugleich das Leben der Glaubenden bestimmen und prägen soll. Der Glaube bleibt nicht rein theoretisch und unverbindlich, sondern hat Konsequenzen für die eigene Existenz und das persönliche Denken und Handeln. Dies kann als das *zweite* grundsätzliche Merkmal des biblischen Glaubensverständnisses angesehen werden. Diejenigen, die in ihrem Herzen glauben, dass Gott Jesus von den Toten auferweckt hat, die *er*kennen, *an*erkennen und *be*kennen diesen zugleich als den von Gott eingesetzten *Kyrios* – d. h. als den *Herrn* der Welt und so auch ihres eigenen Lebens. So beschreibt es Paulus in Röm 10,9 als die Grundlage des Glaubenslebens: »Denn wenn du mit deinem Munde *bekennst* … und *glaubst* in deinem Herzen … so wirst du gerettet werden.«

Somit zielt die Verkündigung des Evangeliums auf *Glaube* und *Zustimmung* im *Gehorsam*; oder um es mit Röm 1,5 zu formulieren: Sie zielt auf den »Gehorsam des Glaubens«. Dies ist nun nicht so gedacht, dass der »Gehorsam« als ein *Zweites* zum Glauben erst hinzutreten müsste, sondern in dem Sinne, dass der Glaube selbst den zustimmenden Gehorsam darstellt, dass der Gehorsam also im Glauben selbst besteht. Wenn die »Heiden« das von Paulus verkündete Evangelium von Jesus Christus »hören« und Gott »aufs Wort glauben«, dann kommt es damit zu dem »Gehorsam des Glaubens«, um dessentwillen sich der Apostel nach Röm 1,5 und 16,26 von Gott gesandt weiß. Und kommt es umgekehrt trotz der Verkündigung nicht zum Glauben, dann ist dieses »Nicht-Hören« und »Nicht-hören-Wollen« in umfassender Bedeutung »Ungehorsam« (vgl. Röm 11,30-32)[8].

Der »Gehorsam des Glaubens« gründet also in dem »Zu-Gehör-Bringen des Glaubens«. Der Gehorsam, der im zustimmenden Glauben besteht, gründet in der Verkündigung des Evangeliums, die den Glauben weckt (Gal 3,2.5; Röm 10,8.17). Der *Gehorsam* verdankt sich dem *Hören*! So folgert es Paulus selbst einprägsam in Röm 10,17: »So kommt der Glaube aus der Verkündigung, die Verkündigung aber durch das Wort Christi [d.h. das Evangelium].«

Dieser Zusammenhang von Hören und Gehorsam – von Indikativ und Imperativ, von Zuspruch und Anspruch, von vertrauenstiftender Begegnung mit Christus und menschlichem Aufbruch – lässt sich auch sehr schön an den Erzählungen von Jesu Heilungen in den Evangelien veranschaulichen. Der Glaube der Syrophönizierin (Mk 7,29 f.) ließ sie auf Jesu Zusage hin nach Hause gehen, um ihre Tochter geheilt zu finden. Der Glaube des blinden Bartimäus – der augenscheinlich nicht aufgrund von *Sehen*, sondern von *Hören* glaubte – ließ ihn nach Jesus um Hilfe schreien und auf dessen Ruf hin zu ihm kommen, um sehend zu werden (Mk 10,46-52). Dem königlichen Beamten sagt Jesus nach Joh 4,50 zu: »Geh hin, dein Sohn lebt! Der Mensch glaubte dem Wort, das Jesus zu ihm sagte, und ging hin.« Den Kranken am Teich Bethesda fordert Jesus gemäß Joh 5,8 in seiner Vollmacht als Sohn Gottes auf: »Steh auf, nimm dein Bett und geh hin! Und sogleich wurde der Mensch gesund und nahm sein Bett und ging hin.« Und den Blindgeborenen in Jerusalem beauftragt Jesus nach Joh 9,7: »Geh zum Teich Siloah … und wasche dich! Da ging er hin und wusch sich und kam sehend wieder.«

Könnte man diese Beispiele noch dahingehend missverstehen, als wäre der Glaube der Menschen Ursache und nicht Wirkung, Voraussetzung und nicht Folge der Christusbegegnung und des Evangeliums, so schafft der Bericht von der Auferweckung des Lazarus in Joh 11 letzte Klarheit. Hier spricht der Sohn Gottes in seiner Vollmacht zu einem definitiv Verstorbenen in sein Grab hinein: »Lazarus, komm heraus! Und der Verstorbene kam heraus« (Joh 11,43). Mit seinem Wort schafft Jesus selbst das Leben, das den Menschen befähigt, ihm zu gehorchen. Spätestens bei einem Toten, der bereits vier Tage zuvor verstorben ist, erschiene der Appell, von sich aus zu glauben und aus eigener Kraft aufzustehen, absurd und zynisch. Mit seinem schöpferischen und vollmächtigen Wort des Evangeliums schafft der Sohn Gottes im Menschen selbst die Voraussetzungen zu dem Gehorsam des Glaubens, in dem der Mensch Heilung erfährt.

## VERTRAUEN UND SICH-ANVERTRAUEN

Sosehr die beiden bisherigen Definitonen des Glaubens als »Für-wahr-Halten« und als »Anerkennen« bzw. »Gehorsam« für das biblische Verständnis insgesamt zutreffend und wichtig sind, so wenig können sie doch schon als *hinreichend* gelten. Es ist als ganz wesentlich festzuhalten, dass der am Evangelium orientierte Glaube sich nicht nur auf eine Idee, eine Mitteilung oder einen Sachverhalt bezieht, sondern zunächst und vor allem auf eine *Person!*

Rein sprachlich spiegelt sich das darin wider, dass nicht nur die Ausdrücke »glauben, dass«[9] und »*etwas* glauben«[10] gebraucht werden, sondern vor allem die Wendungen »*jemandem* glauben«[11] und »*an jemanden* glauben«[12]. Es geht beim Glauben also nicht nur um *Überzeugungen* und *Tatsachen*, sondern vor allem und zuerst um *Personen*. Indem das Moment des »Vertrauens«, des »Sich-Anvertrauens« und des »Sich-Verlassens« auf ein Gegenüber in den Vordergrund tritt, erweist sich das Wort »Glaube« als ein *Beziehungsbegriff* – ein Begriff also, der nicht nur die Überzeugung eines Einzelnen für sich, sondern das *Verhältnis* einer Person zu einer anderen beschreibt. So, wie der Begriff der »Liebe« eine *personale Beziehung* voraussetzt und ein »Relationsbegriff« ist, so wird hier mit »Glaube« nicht nur die individuelle Haltung, Überzeugung und Zustimmung bezeichnet, sondern das »Sich-Verhalten« und »Sich-bestimmen-Lassen« hinsichtlich eines *persönlichen Gegenübers.*[13]

Wer dem Vater Jesu Christi seine Zusage und Verheißung glaubt und ihn beim Wort nimmt, der »vertraut« auf ihn und seine Treue. Wer an den Gott glaubt, »der die Gottlosen gerecht macht« – d. h. begnadigt und freispricht (Röm 4,5) –, der hat sich selbst, so, wie er ist, diesem Gott vorbehaltlos »anvertraut«. Wer an Jesus Christus als den für ihn gestorbenen und auferstandenen Herrn glaubt und sich fortan im Leben und Sterben von ihm her versteht und auf ihn bezogen leben will, der *verlässt sich* – in des Wortes doppelter Bedeutung – mit seiner ganzen Existenz auf ihn. Der Glaube vertraut der persönlichen Zusage mehr als der eigenen Einschätzung. So kann in Röm 4 die Beispielhaftigkeit des Glaubens Abrahams gerade darin gesehen werden, dass er Gott dessen Verheißung glaubte – wörtlich: »*auf* Hoffnung *wider* alle Hoffnung« – »auf Hoffnung, da nichts zu hoffen war« (Röm 4,18). »Denn er zweifelte nicht an der Verheißung Gottes durch Unglauben, sondern wurde stark im Glauben und gab Gott die Ehre und wusste aufs allergewisseste: Was Gott verheißt, das kann er auch tun« (Röm 4,20 f.).

Von hier aus wird deutlich, dass die zunächst skizzierten Aspekte des Glaubens erst von dieser Perspektive des persönlichen »Vertrauens« und »Zutrauens« her ihre wesentlichen Umrisse und ihre Eindeutigkeit gewinnen. Nur wenn der Glaube als vertrauender und sich anvertrauender Glaube – also als positive personale Beziehung – erfasst wird, erscheinen die Gesichtspunkte der *Glaubenserkenntnis* und des *Glaubenswissens*, des *Anerkennens* und der *Zustimmung* im rechten Licht.[14] Denn sowohl ein Verständnis von »Glauben« allein als »Für-wahr-Halten« als auch die Betonung des »Glaubensgehorsams« und des »Auslebens« von Glaubensüberzeugungen könnten für sich genommen – wie wir aus der Frömmigkeitsgeschichte wissen – auch zu ganz unverbindlichen oder aber zu gesetzlichen und lebensfeindlichen Formen von Religiosität führen.

## BESCHENKT WERDEN IM GLAUBEN

Nun bewahrt selbst die Betonung dieses *personalen* und *persönlichen* Gesichtspunktes des Glaubens offensichtlich noch nicht vor allen Missverständnissen. Wir sprechen in der Verkündigung und Seelsorge gerne davon, dass das Vertrauen zu Gott unsere »Antwort« auf Gottes »Wort« sei, dass wir nur den Willen aufzubringen und uns zu entscheiden hätten, ja, dass unser Glaube an Gott der *eine* Schritt sei, den wir nach Gottes vielen Schritten des Entgegenkommens nun unsererseits zu tun hätten. Wenn wir so sprechen, dann erfahren manche diese Form des Wechsels von den »Werken des Gesetzes« hin zu der Forderung nach »dankbarer Liebe« nicht etwa als Erleichterung, sondern als eine lediglich indirektere Form der religiösen Überforderung. Gesetzesforderungen kann man studieren, und zu »guten Werken« kann man sich überwinden, aber wie bringt man sich selbst dazu, das Unglaubliche zu glauben und aus Notwendigkeit freiwillig zu lieben?

Stellt der Glaube dabei nicht doch eine neue, wenn auch feinsinnigere Form der »Leistungsforderung« und der »Bedingung« dar, die der Mensch nun seinerseits anstelle der »Gesetzeswerke« zu erfüllen hat? Richtig gesehen wird mit der Betonung der *Notwendigkeit* des Glaubens sicherlich, dass die Gemeinschaft mit Gott und das neue, heilsame Leben in Christus im Neuen Testament durchgängig mit dem Glauben verbunden werden: Es gibt demnach keine christliche Identität und kein geistliches Leben ohne Glauben!

Es trifft auch zu, dass es der *Mensch* ist, der glaubt. Denn der »Glaubensbegriff« wird als solcher in unserer Sprache nicht in Hinsicht auf Gottes Haltung der Welt gegenüber gebraucht; diese wird vielmehr mit Begriffen wie »Liebe«, »Erbarmen«, »Gerechtigkeit« und »Treue« umschrieben.[15] Hingegen ist es unzutreffend, dass der »Glaube« bei Paulus oder in den Evangelien als *menschliche* Möglichkeit oder als vom Menschen *selbst* zu erbringender eigenständiger Beitrag dargestellt wird. Ob es heißt, dass der rettende Freispruch »auf der Grundlage des Glaubens«[16] empfangen wird, oder ob betont wird, dass das Heil »vermittels des Glaubens«, »durch den Glauben«[17] erlangt wird – in jedem Fall wird der Glaube nicht als *Voraussetzung* und *Vorbedingung* – als *conditio* – verstanden, die der Mensch von sich aus zu erfüllen hätte, um anschließend dafür das Heil zu erlangen. Vielmehr wird der Glaube als die *Art und Weise* – als *modus* – verstanden, in der Gott dem Menschen schon gegenwärtig Anteil an seiner Gerechtigkeit und seinem Heil gibt.

Der Mensch muss nicht zuerst glauben, damit Gott ihm infolgedessen Heilung und Leben schenkt, sondern indem der Mensch glaubt, hat er bereits das Heil und das Leben. Der *Glaube selbst* ist schon Geschenk[18], denn er ist die *gegenwärtige Gestalt der Gottesbeziehung*. Der Glaube ist gerade nicht die vom Menschen zu erfüllende Vorbedingung und Kondition, sondern die Gestalt der gegenwärtigen Heilserfahrung. Gerechtigkeit und Heil werden dem Menschen nicht »*wegen* seines Glaubens« (lat. *propter fidem*), sondern »*durch* den Glauben«, »*in Gestalt* des Glaubens« (lat. *per fidem*) zugesprochen. Gewiss wird der Mensch allein im Glauben gerechtfertigt – aber »*wegen* Christus« und »um Christi willen« (*propter Christum*). Wenn wir den Glauben als vertrauensvolle Beziehung verstehen, die Christus selbst in uns hervorruft und weckt, ist klar, dass uns dieser Glaube heilt und rettet. Als Geschöpfe sind wir zur Beziehung mit Gott als unserem Schöpfer geschaffen. So werden wir darin heil und ganz, dass Gott durch Jesus Christus in uns diese Vertrauensbeziehung neu begründet und hervorruft.

Unter diesen Voraussetzungen wird es auch nachvollziehbar, dass Paulus in der Auseinandersetzung mit der Position seiner judenchristlichen Gegner die Rechtfertigung im Glauben ganz und gar der *göttlichen Gnade* zuordnet[19] und sie jedem menschlichen »Verdienst« und »Anspruch« (Röm 4,4) und jedem menschlichen »Rühmen« (Röm 3,27)[20] entgegensetzt. Er stellt sogar die durch Gottes Liebe im Glauben geschenkte Begnadigung jedem faktisch gelebten menschlichen Leben überhaupt gegenüber![21] – Röm 3,23 f.: »Denn es gibt keinen Unterschied: Alle haben sie gesündigt und entbehren der Herrlichkeit Gottes. Sie werden aber *geschenkweise* in seiner *Gnade* gerechtfertigt durch die Erlösung in Christus Jesus.« Bei einem solch umfassenden Verständnis des menschlichen Angewiesenseins auf Gottes Gnade erscheinen die Konsequenzen für das Zum-Glauben-Kommen des Menschen nur als logisch: Das Evangelium selbst wird als die wirksame und Glauben hervorrufende Kraft Gottes erkannt und erfahren (Röm 1,16; 1. Kor 1,18); und schon das Zustandekommen des Glaubens ist auf das Wirken des Geistes und der Kraft Gottes zurückzuführen. So erinnert Paulus seine Gemeinde in Korinth an die glaubenweckende Verkündigung in ihrer Mitte: »Mein Wort und meine Predigt geschahen nicht mit überredenden Worten menschlicher Weisheit, sondern in Erweisung des Geistes und der Kraft, damit euer Glaube nicht stehe auf Menschenweisheit, sondern auf Gottes Kraft« (1. Kor 2,4 f.; vgl. 1. Thess 2,13).

Nur wenn der Glaube tatsächlich als von Gott selbst geschenkt und das menschliche Vertrauen zu ihm als durch sein Wort und seinen Zuspruch erweckt verstanden wird,[22] ist es auch möglich, Zuversicht und Gewissheit im Glauben zu gewinnen. Der Glaube darf sich der Liebe und Zuwendung Gottes gewiss sein,[23] denn er darf Gott »aufs Wort glauben«. Der Unterschied zwischen einer berechtigten und für den Glauben unentbehrlichen »Heils*gewissheit*« – lat. *certitudo* – und einer oft kritisierten unangemessenen »Heils*sicherheit*« – lat. *securitas* – liegt nicht im Grad des Wissens und der Stärke der Überzeugung, sondern allein in deren *Begründung* und *Voraussetzung*. Es geht also nicht um die Frage, wie gewiss sich der Glaube sein darf, sondern allein darum, worauf sich die Glaubensgewissheit stützt.

Insofern die Gewissheit nicht im eigenen »Ergreifen«, sondern im »Ergriffensein« und »Gehaltenwerden« gründet (Phil 3,12)[24], nicht im »Erkennen«, sondern im »Erkannt-Sein« (1. Kor 8,3; 13,12; Gal 4,9), ist der Unterschied zwischen einer berechtigten »*Gewissheit*« und einer unberechtigten »*Sicherheit*« klar zu bestimmen: Es geht um den Gegensatz von in Gottes Zuspruch begründeter »*Christus*gewissheit« und in Überheblichkeit gründender »*Selbst-*

sicherheit«. Der Gläubige selbst kann seine *eigene* Treue nicht für alle Zeiten garantieren, er hat aber die Verheißung, dass *Gott* ihm – und sich selbst – in Christus immer treu bleiben wird. Selbst wenn es irgendwelchen Einflüssen gelingen sollte, einem Christen vorübergehend sein*en* Herrn wegzunehmen, so wird es ihnen nicht gelingen, ihn sein*em* Herrn wegzunehmen. Röm 8,38 f.: »Denn ich bin *gewiss*, dass weder Tod noch Leben, weder Engel noch Mächte noch Gewalten, weder Gegenwärtiges noch Zukünftiges, weder Hohes noch Tiefes noch eine andere Kreatur uns scheiden kann von der *Liebe Gottes*, die in *Christus Jesus* ist, unserm Herrn.«

## SCHRITTE DES GLAUBENS

Wenn die Liebe und die Gnade Gottes so nachdrücklich zur Geltung kommen, wird häufig entgegengehalten: »Der Mensch hat aber doch den *einen* Schritt des Glaubens selbst zu gehen!« – Die Antwort lautet: Er soll nicht nur *einen*, sondern sogar unzählige Schritte im Glauben gehen! Entscheidend ist aber, dass er keinen einzigen Schritt seines Lebens fortan *allein* und *ohne Christus* zu gehen braucht. Wir sollen wohl selbst Schritte des Glaubens machen, aber nicht isoliert und alleingelassen. Wäre es anders, und der Mensch hätte den ersten – oder wenn man will: den letzten – Schritt des Glaubens von sich aus und allein zu machen, dann würde das neue Leben mit genau dem Problem erneut beginnen, von dem es den Menschen erlösen soll: der Unabhängigkeit von Gott. Denn das genau ist das Problem des Menschen seit Adam und Eva, dass er meint, eigene Schritte selbst und ohne Gott gehen zu können. Er will wie Gott sein, aber ohne Gott; er will ewig leben, aber nicht durch Teilhabe an Gott und seinen Gaben, sondern getrennt von ihm.

Wir sollten uns in Verkündigung und Lehre davor hüten, die *Unverzichtbarkeit* des Glaubens auf eine Weise zu beschreiben, die andere nur auf die *Unerreichbarkeit* des Glaubens schließen lässt. Man kann den Vorgang des »Beschenktwerdens« auch so verkomplizieren, dass das Annehmen des »bedingungslosen« Geschenkes für den Empfänger zum eigentlichen Problem wird. Dann gewinnt der Beschenkte den Eindruck, als hätte er sich durch sein Verhalten die »voraussetzungslose« Zuwendung erst zu verdienen, als müsse er durch seine Haltung auf eine ganz hintersinnige Weise die Kosten für das »kostenlose« Geschenk selbst aufbringen.

»Ist damit aber der Mensch nicht zu völliger *Passivität* verurteilt?«, wird oft eingewandt. – Von »Passivität« im Glauben kann man wohl sprechen, wenn man den Aspekt des *Empfangens* und des *Beschenktwerdens* durch Gott betonen will. Der Glaubende weiß, dass er sein ganzes Leben der voraussetzungslosen Liebe Gottes verdankt, und lässt sich das Beschenktwerden durch Christus gefallen. Der Begriff der »Passivität« ist aber dann irreführend, wenn man damit den Gedanken an ein untätiges, duldendes und teilnahmsloses Verhalten verbindet. Der von Gottes Geist bewegte Mensch (Röm 8,14) wird im Gegensatz dazu gerade als zielstrebig, willensstark, belastbar, liebesfähig und lebensorientiert beschrieben[25] – und in diesem Sinne dann als ausgesprochen »aktiv« und »vital«.

»Wie kann man denn den Glauben noch als freie Entscheidung verstehen, wenn der Mensch dazu von Gott überwunden werden muss?« – Der »freie Wille« des Menschen wird im Evangelium nicht als *Vorbedingung*, sondern – wenn man es überhaupt so nennen will – als *Folge* der Erlösung und Heilung dargestellt. Im Unterschied zu mancher individualistischen Sicht des Menschen weiß die neutestamentliche »Lehre vom Menschen« um das Eingebunden- und Bestimmtsein des Menschen durch die ihn prägenden Einflüsse. Dass die »Freiheit« des Menschen nicht als Voraussetzung zum Glauben zu denken ist, sondern vielmehr als dessen Konsequenz, wird spätestens dann deutlich, wenn vom »Versklavtsein« und »Gefangensein« des Menschen unter der Herrschaft der lebensabträglichen und unheilvollen Sünde gesprochen wird.[26] Die Befreiung in Christus wird dementsprechend als Auslösung aus der Sklaverei und als Adoption zur Gotteskindschaft beschrieben.[27] In Hinsicht auf die Töchter und Söhne Gottes kann dann in der Tat von einer herrlichen Freiheit der Kinder Gottes (Röm 8,21) ausgegangen werden – der Freiheit innerhalb der heilsamen und lebensfördernden Beziehung.

Wen soll man sich bei einem so konsequent durchgeführten Verständnis von Gottes Liebe und Gnade denn dann als *Subjekt* des Glaubens denken?« – In der Tat stoßen wir an diesem Punkt an die Grenze einer durch menschliche Analogien und Bilder bestimmten Argumentation. Durch den Vergleich mit einer Eltern-Kind-Beziehung[28] oder mit einer partnerschaftlichen Liebe[29] lassen sich die Momente einer *positiven personalen Beziehung* und einer *bedingungslosen* und *umfassenden Zuwendung* eindrücklich veranschaulichen. Die Grenze dieser bildhaften Rede liegt aber darin, dass keines der angeführten menschlichen Beispiele wirklich die *Ganzheitlichkeit* und *Umfänglichkeit* der Gottesbeziehung illustrieren kann.

Denn Kinder sollen erwachsen werden, Schüler von ihren Lehrern unabhängig; und selbst – bzw. gerade – in einer partnerschaftlichen Liebe besteht das Ideal keineswegs in der Abhängigkeit und dem bleibenden Angewiesensein des einen Partners auf den andern. Insofern kann es hilfreich sein, Gott nicht nur in Analogien zu menschlichen Autoritäten wie Eltern und Lehrern zu denken, sondern sich darauf zu besinnen, dass er nach der biblischen Tradition als »Schöpfer« und »Bewahrer der Welt«

zugleich in grundsätzlicher Unterschiedenheit von seinen »Geschöpfen« gedacht wird. Er wird nicht nur als *ein* »Lebender« unter anderen beschrieben, sondern als der *Ursprung* des Lebens und als *das Leben selbst.* Er wird nicht nur als *ein* Liebender unter anderen erkannt, sondern als *die Liebe in Person.* Gott selbst ist *die* Liebe und *das* Leben.[30] Ein Geschöpf aber kann durch die Zuordnung zu seinem Schöpfer nur gewinnen. Ein Lebender kann sich nichts mehr wünschen, als dass das Leben sich in ihm uneingeschränkt und dauerhaft entfaltet. Wer wäre zu stolz, sich von der Liebe überwältigen zu lassen, oder fühlte sich bevormundet, nur weil er auf das Leben bleibend angewiesen ist?

Bei einem solch vertieften und alle menschlichen Bilder überschreitenden Verständnis von der Ganzheitlichkeit und Unbedingtheit der Gottesbeziehung erklärt sich, warum Paulus nicht sich selbst als wahres Subjekt seines Glaubens nennt, sondern Christus, den für ihn gestorbenen und auferstandenen Sohn Gottes. Diese Zuordnung zu dem ihn liebenden Christus versteht er als Wesen und Ziel seines christlichen Glaubens. Wer an Christus glaubt, der »verlässt sich« mit seiner ganzen Existenz auf ihn: »Denn ich bin durch das Gesetz dem Gesetz gestorben, damit ich Gott lebe: Ich bin mit Christus gekreuzigt. Also lebe nicht mehr *ich*, sondern *Chris-*

*tus* lebt in mir. Was aber nun mein Leben in der irdischen Existenz anbelangt, so lebe ich *im Glauben an* den Sohn Gottes, der mich geliebt und sich selbst für mich dahingegeben hat« (Gal 2,19-21).

## HEILSAME LIEBE – UNGESUNDE FORMEN DER RELIGIOSITÄT

Während mit all dem das Verständnis eines am Evangelium orientierten Glaubens positiv entfaltet worden ist, kamen indirekt und in jeweiliger Umkehrung auch schon die Formen einer nicht gesunden und befreienden, sondern einengenden und vielleicht sogar krank machenden Religiosität in den Blick. Der Unterschied zwischen beiden so unterschiedlich wirkenden Glaubensweisen lässt sich zusammenfassend nochmals an dem jeweils vorausgesetzten »Glaubensbegriff« – und damit an dem jeweiligen *Gottesbild* und an dem grundlegenden *Beziehungs-* und *Liebesverständnis* – verdeutlichen. Als rettend, befreiend und lebensfördernd erweist sich der Glaube, wenn er in Gott und seiner in Christus offenbarten Liebe gründet. Als einschränkend und krank machend können Formen der Religiosität wirken, die vom Menschen fordern, was nur Gott geben kann, und vom Menschen selbst verlangen, was er allein in der Gottesbeziehung sein und leben kann.

Die von dem Vater Jesu Christi ausgehende Liebe und Zuwendung – Gottes *Agape*[31] – ist nicht durch die Beschaffenheit und den Wert des zu liebenden Menschen motiviert, sondern in der Zuneigung und

Zuwendung des liebenden Gottes selbst begründet. Nicht weil der Mensch sich als liebenswert zeigt, erfährt er Gottes Anerkennung und Wertschätzung, sondern weil Gott den Menschen liebt, erkennt dieser seinen wahren Wert. Ungesund und krank machend ist es für Menschen, wenn sie nur Zuwendung und Anerkennung erfahren, die vom eigenen Wert bestimmt und von ihrer Liebenswürdigkeit abhängig sind. Die Liebe Gottes hat ihren Grund in sich selbst und schenkt dem Gegenüber Anerkennung und Wertschätzung, während viele Formen menschlicher Zuneigung in der Anziehungskraft und der Anpassungsbereitschaft des Gegenübers begründet sind.

Damit geht es bei der Unterscheidung zwischen einem am Evangelium von Christus orientierten Glauben und krank machenden Formen der Religiosität letztlich um den Unterschied von »nicht konditionierter« und »konditionierter Annahme«, von »nicht bedingter« und »bedingter Zuwendung«.[32] Wenn Zuwendung an das Wohlverhalten und die Wohlgefälligkeit des Gegenübers gebunden ist, dann sprechen wir von *bedingter* Annahme, denn sie ist sowohl an »Vorbedingungen« geknüpft als auch als solche »vorbehaltlich«. In Wahrheit bezieht sich eine solche Zuneigung nicht auf die Person selbst, sondern auf bestimmte Aspekte, Eigenschaften oder

Qualitäten der Persönlichkeit. Die Wertschätzung gilt dann nicht dem Menschen an sich, sondern vielmehr seinen attraktiven Seiten und erwartungskonformen Verhaltensweisen. Da eine solche Art von Anerkennung und Zuneigung in Wahrheit erarbeitet und erkauft werden muss, enttäuscht sie nicht nur die »Ungeliebten«, sondern zugleich auch die vermeintlich »Geliebten«. Denn sie müssen sich fortwährend als »liebenswert« erweisen, um die Zuwendung zu erlangen, die ihnen eigentlich voraussetzungslos gelten sollte. Sie müssen sich »liebenswürdig« verhalten, um die Aufwertung zu erfahren, die sie doch unbedingt auf ihre eigene Person beziehen wollen.

Demgegenüber gewinnen Menschen Zuversicht, Sicherheit und Glück aus Beziehungen, in denen sie sich bedingungslos und umfassend geliebt und anerkannt wissen. Wenn sie erleben, dass sie sich nicht erst durch ihr Verhalten als »liebenswert« erweisen müssen, um Zuwendung zu empfangen, werden sie frei davon, sich nur von ihren Leistungen her zu verstehen und sich von ihren Erfolgen abhängig zu machen. Es gibt dann keine Voraussetzungen mehr, die sie in ihrem Leben zuerst erfüllen müssen, um Anerkennung und Liebe zu gewinnen, sondern die Liebe selbst wird zur heilsamen Voraussetzung und Grundlage ihres Lebens. Das »eigentliche« Lebensglück steht dann nicht länger in eine unbestimmte Zukunft hinein aus, sondern es kann hier und jetzt gewonnen und gestaltet werden. Auf diese Weise müssen sie nicht fortwährend der Anerkennung nachjagen und ständig neue Bedingungen erfüllen, von denen sie ihr Glück und Heil abhängig machen, sondern sie können gegenwärtig anfangen, zu *sein*. Die Erfahrung einer nicht konditionierten Liebe befreit von der Not eines ständig konditionierten Lebens. Denn nur die Liebe kann den Menschen eindeutig und glaubhaft vermitteln, dass sie einzigartig und bedeutsam sind.

Wenn sie erleben, dass die Liebe eines anderen nicht nur ihren »liebenswerten« Seiten, sondern *ihnen selbst* umfassend gilt, bekommen sie den Mut, sich zunehmend auch mit ihren Schattenseiten, Schwächen und Ängsten auseinanderzusetzen und sich so zu sehen, wie sie wirklich sind. Sie müssen nicht länger fürchten, durch ihre Wahrhaftigkeit und Offenheit die Zuneigung wieder zu verlieren. Im Gegenteil, weil *sie* geliebt werden und nicht nur die Rollen, die sie spielen, kann es die Beziehung nur vertiefen, wenn sie dem anderen und sich selbst nicht länger etwas vormachen, sondern ehrlich werden. Wie viel Energie und Lebenskraft wird allein schon dadurch frei, dass Geliebte sich nicht ständig beweisen und legitimieren müssen. Wie viel Last und Zwang fallen ab, wenn sie in ihrer Beziehungsgewissheit nicht mehr allen zu gefallen brauchen und nicht mehr um jeden Preis wichtiger und besser als andere sein müssen. Wie viele Zeitvertreibe und Eigenarten, Vorstellungen und Handlungen erübrigen sich zunehmend, wenn das Bewusstsein der Vollwertigkeit durch echte Zuneigung geschenkt wird und nicht mehr ersatzweise erzeugt werden muss.

Folglich bewirkt gerade die Liebe, die den anderen bejaht, wie er ist, dass er sich verändert, und die unbedingte Annahme bringt ihn dahin, dass er der Liebe zunehmend auch durch sein eigenes Verhalten entsprechen kann. So ist nichts überwältigender und heilsamer als die Erfahrung uneingeschränkter Liebe. Sie ist – gerade, indem sie voraussetzungslos und bedingungslos gilt – so folgenreich und prägend wie kein anderes Erleben.

Um dieses Geheimnis der Liebe geht es sowohl in der geschenkweisen Rechtfertigung des Gottlosen aufgrund des Glaubens nach Paulus (Röm 3,21–4,25) als auch in der unbedingten und lebensverändernden Zuwendung Jesu zu den Sündern, den Kranken und Belasteten nach den Evangelien. Inhalt des Evangeliums ist jeweils die Zusage, dass Gott in dem Wirken, Sterben und Auferstehen Jesu Christi seine voraussetzungslose und bedingungslose Liebe erwiesen hat, die für die Glaubenden bleibende Grundlage und prägende Orientierung ihres gesamten Lebens und all ihrer personalen Beziehungen werden kann. Könnten wir uns nur eine Sekunde mit den Augen dieser Liebe Gottes sehen, dann hätten sich unsere Selbstzweifel gleich für eine ganze Ewigkeit aufgelöst.

Der Unterschied zwischen einer krank machenden Religiosität und einem heilsamen Glauben kann also angesichts des im Evangelium vorausgesetzten Beziehungs- und Gottesverständnisses gar nicht nachdrücklich genug herausgestellt werden.

## GLAUBE UND ERFAHRUNG

Wenden wir diese Entfaltung des Glaubens nach Paulus – als eines leidenschaftlichen Zeugen des Glaubens – nun auf unsere noch offenen Ausgangsfragen an, so kommen wir zu ganz grundlegenden – vielleicht auch überraschenden – Ergebnissen: Der Glaube macht Erfahrungen, aber er gründet nicht auf eigenen Erfahrungen. Der Glaube bezieht auch unsere Gefühlswelt mit ein, aber er basiert nicht auf persönlichen Gefühlen. Unser Glaube will gelebt werden, aber er lebt nicht vom momentanen Erleben – er hat nicht, was er sieht, im Blick! Grundlage unseres Glaubens ist der Zuspruch Gottes. Verlassen können wir uns ausschließlich auf sein Wort – dass er unbedingt zu uns steht und dass er das vollenden wird, was er in uns begonnen hat. So gilt es, an Gottes Zusage festzuhalten, auch da, wo sie gegen alle Erfahrung steht, und sich an seine Verheißung zu klammern, auch wenn unsere Gefühle das Gegenteil behaupten. Es ist unsere Unerfahrenheit, die uns dazu verleitet, die eigene Erfahrung überzubewerten. Ein erfahrener Glaube weiß, dass er sich von Erfahrungen nicht abhängig machen darf.[33]

Noch grundlegender kann man sogar sagen: Der Glaube macht nicht nur Erfahrungen, der Glaube selbst ist schon eine Erfahrung. Denn der Glaube ist nicht die Voraussetzung, die wir von uns aus erfüllen müssen, um Gottes Wirken zu erleben, sondern die Art und Weise, in der Gott uns gegenwärtig seine Wirklichkeit erfahren lässt. So müssen wir nicht erst glauben, damit Gott an uns wirken kann, sondern wir können deshalb glauben, weil Gott bereits an uns wirkt. Glauben können wir von uns aus nicht herstellen, sondern er wird in uns geschaffen. Vertrauen können wir selbst nicht abrufen, aber es wird in uns erweckt, gebildet und hervorgerufen – von dem, der selbst vertrauenswürdig ist. Was immer wir dann in unserem Glauben auch sonst noch erleben mögen, die grundlegende Glaubens*erfahrung* ist und bleibt die Erfahrung des *Glaubens*.

Damit überwindet ein so am Evangelium Jesu Christi orientierter Glaube endlich die falsche Alternative von »Handeln« und »Erfahren«, von »Aktiv« und »Passiv« in der christlichen Existenz: Der Glaube ist *aktiv* – denn er befähigt den Menschen, sein Leben zielstrebig und zuversichtlich zu gestalten. Der Glaube ist *nicht aktiv* – falls man bei dem Wort Aktivität an Aktionismus, Leistungsdruck und Selbstrechtfertigung denkt. Der Glaube ist *passiv* – insofern der Glaubende weiß, dass er sein ganzes Leben der voraussetzungslosen und bedingungslosen Liebe Gottes verdankt, und sich das Beschenktwerden durch Christus als den Herrn des Lebens in dankbarer Liebe gefallen lässt. Der Glaube ist *nicht passiv* – da er die Toten lebendig werden lässt, die Traurigen getrost, die Verzagten zuversichtlich und die Kraftlosen tatkräftig.

## WACHSEN IM GLAUBEN?

Welche Konsequenzen hat ein solches Glaubensverständnis für unseren Wunsch, mehr Glaubenserfahrungen zu machen und in unserem eigenen Glauben zu wachsen? Wir erwarten von unserem Glauben, dass er wächst und uns endlich groß und stark werden lässt. Dabei liegt die Stärke des Glaubens gerade darin, dass er uns zunehmend mit unserer eigenen Schwachheit versöhnt und uns die Kraft unseres Gottes und die Größe seiner Liebe überwältigend vor Augen stellt. Das Geheimnis des Glaubens äußert sich nicht im grenzenlosen eigenen Erfolg, sondern in der Art und Weise, wie wir mit unseren Grenzen und Misserfolgen zu leben lernen.

Wozu brauchen wir überhaupt einen großen Glauben? Haben wir denn einen so kleinen Gott? Je zuverlässiger die Person ist, der wir vertrauen wollen, desto weniger Glauben müssen wir selbst aufbringen – und umgekehrt. So wären uns nahestehende Menschen auch kaum begeistert, wenn wir ihnen sagen würden, dass wir einen großen Glauben brauchten, um ihnen zu vertrauen. Wie muss es Jesus dann empfunden haben, als seine Jünger ihn baten, ihren Glauben zu mehren (Lk 17,5)? Um dem Gott zu vertrauen, den uns Jesus als seinen treuen und liebevollen Vater offenbart, bedarf es nur eines Glaubens so klein wie das winzige Senfkorn (Lk 17,6; vgl. Mt 17,20)! Wir überwinden unseren Kleinglauben gegenüber Gott nicht durch die Vermehrung unseres Glaubens, sondern durch die Zunahme unserer Erkenntnis der Zuverlässigkeit und Treue Gottes. Oder um es auf den Punkt zu bringen: Wir brauchen keinen großen Glauben, sondern den Glauben an die Größe Gottes.

## GLAUBE UND ANFECHTUNG – DER TROST DER GETRÖSTETEN

Was bei einem erfahrungsbetonten Glaubensverständnis oft übersehen wird, ist die Tatsache, dass der Glaube nach dem neutestamentlichen Verständnis in diesem Leben immer wieder dem Zweifel und der Anfechtung ausgesetzt sein wird. Dies gilt nicht für die Realität des Geglaubten selbst, wohl aber für uns als Glaubende, solange wir noch in dieser Wirklichkeit – also im Glauben und nicht im Schauen, im Sichtbaren – leben (2. Kor 5,7). Umso wichtiger ist es, zu erkennen, dass wir von der Realität des Geglaubten leben – von Gott und seiner in Christus erwiesenen Liebe – und nicht von der Intensität unserer Erfahrungen und Gefühle. Die Realität unseres *Glaubens* ist nicht auf unser Bewusstsein beschränkt, sondern unser Glaubensbewusstsein gründet und steht in der Realität des *Geglaubten*. Unsere Beziehung zu Gott ist nicht nur so wirklich, wie es uns ständig bewusst ist, sondern uns wird nach und nach immer mehr bewusst, wie wirklich Gottes Beziehung zu uns ist – ob wir es gerade fühlen und erfahren oder nicht. Unser Glaube mag uns manchmal verlassen, aber niemals unser Gott, an den wir glauben. Was uns trägt, ist nicht die Stärke unseres Glaubens, sondern die Treue Gottes.

Zudem übersehen wir bei unserem Wunsch nach einem von Schwachheiten und Anfechtungen freien Leben oft, dass wir im Laufe unseres bisherigen Glaubenslebens nicht nur durch unsere positiven und bestätigenden Erfahrungen gewachsen sind. Oft reiften wir in unserer Persönlichkeit gerade durch die Zeiten, in denen wir nicht fühlten, was wir glaubten, und noch nicht erfahren konnten, wonach wir uns sehnten. Der erfahrene Glaube lernt, die Anfechtung des Glaubens nicht nur als eine Form der Abwesenheit von Glaubenserfahrung zu begreifen, sondern durchaus selbst schon als eine Gestalt gegenwärtiger Glaubenserfahrung.

So wie Übung und Belastung nicht den Gegensatz zu Stärke und Ausdauer bilden, sondern deren Voraussetzung, so sind die Herausforderungen und Schwierigkeiten im Glauben nicht nur als die Verlegenheiten des Glaubens zu verstehen, sondern zugleich als Gelegenheiten seiner Bewährung. Denn schwerwiegende Entscheidungen fallen selten in leichten Zeiten, und tiefgehende Veränderungen entstehen nicht durch oberflächliche Erfahrungen. Bedeutende Entwicklungen werden kaum durch unbedeutende Begegnungen angeregt, und persönliche Hilfe erfahren wir so gut wie nie in unpersönlichen Beziehungen. Verständnis für die Schwachheit anderer erwächst nicht aus der eigenen Stärke, und wie man andere Menschen tröstet, wissen wir erst, wenn wir nicht nur getrost, sondern auch selbst getröstet sind. Warum sehnen wir uns ausschließlich nach einem leichten und unbeschwerten Leben, wenn das, was uns so wertvoll macht, in einem verletzlichen und tiefgründigen, in einem lebendig gelebten Leben liegt?

Damit sind wir abschließend an dem Punkt, an dem sich die Frage nach dem Verhältnis von Glaube und Erfahrung noch einmal in eine ganz neue Richtung wendet. Für den an Gottes Liebe und Christi Zuwendung und Lebenshingabe orientierten Glauben geht es immer weniger um die Frage der eigenen Erfahrung als vielmehr um die, wie dieser Glaube für andere erfahrbar werden kann. Neben den berechtigten Wunsch nach eigener Anerkennung und Entwicklung tritt zunehmend das Anliegen, andere an der Realität des Glaubens und vor allem des Geglaubten teilhaben zu lassen.

Ein starker Glaube zeigt sich dann nicht am kraftvollen und selbstbewussten Auftreten, sondern in der Fähigkeit, sich Schwachen zuzuwenden, ohne sie zu erniedrigen, auf Fragende einzugehen, ohne sie zu belehren, Zweifelnde zu begleiten, ohne ihnen die eigenen Lösungen aufzuzwingen, Hilflosen so zu helfen, dass sie nicht noch hilfloser werden, Unsichere zu ermutigen, ohne ihnen ihre eigene

Verantwortung abzunehmen. Die Stärke des Glaubens erweist sich in der Fähigkeit, mit der Schwachheit anderer verantwortlich und liebevoll umzugehen. Denn wir werden selbst getröstet, damit wir andere trösten können; und unsere eingestandene Schwachheit ist nicht nur ein Mangel, sondern zugleich die Voraussetzung, andere zu stärken.[34] Vielleicht ist die Fähigkeit, sich selbst anderen und ihren Bedürfnissen zuzuwenden und auch sie »mit den Augen Gottes« zu sehen, überhaupt die schönste Glaubenserfahrung, die wir schon hier und jetzt machen können.

## MIT GOTTES AUGEN SEHEN

Wenn Gott für dich ist,
wie kannst du dann
gegen dich sein?

Sei nicht so ungnädig mit dir;
dein Gott ist es auch nicht!

Wenn du dich selbst
nur für eine Sekunde
mit den Augen
der Liebe Gottes
sehen könntest,
dann hätten sich
deine Selbstzweifel
gleich für eine ganze
Ewigkeit verflüchtigt.

## DU BIST GEWOLLT!
## VOM GLÜCK EINES WUNSCHKINDES

Wer von uns vermag
mit Sicherheit zu sagen,
dass er bei seiner Geburt
wirklich gewollt war?

Wer kann in der
festen Zuversicht leben,
dass er für seine Freunde
und Angehörigen nicht
nur nützlich und vertraut,
sondern bedeutend,
liebenswert und
unentbehrlich ist?

Haben wir jemanden,
der sich an uns freut –
einfach, weil wir da sind?
Gibt es jemanden,
der uns nie mehr
vermissen wollte?

Wie dem auch sei –
von Gott her gilt
für dein Leben
in jedem Fall die
verbindliche Zusage
und feste Gewissheit:

Du bist ein Wunsch,
den sich Gott selbst
erfüllt hat!

Du bist ein Geschenk,
das Gott sich selbst
gemacht hat!

## BESONDERS GELIEBT

Das Besondere an
der *Liebe* ist,
dass sie dem Geliebten
das Bewusstsein seines
unermesslichen Wertes
und seiner
außergewöhnlichen
Bedeutsamkeit gibt.

Das Besondere an
der Liebe *Gottes* ist,
dass sie dieses
Bewusstsein der
Einzigartigkeit
jedem Einzelnen
unter Milliarden
von Menschen
zu schenken vermag.

## AUF DER SUCHE

Die Suche nach Gott
ist die Suche nach dem Leben.

Die Suche nach dem Leben
ist die Suche nach der Liebe.

Die Suche nach der Liebe
ist die Suche nach Christus.

Wer Christus sucht,
findet in ihm seinen Gott,
sein Leben und seine Liebe.

## SEIN ODER NICHTSEIN

Bist du?

Bist du angenommen?

Du bist in Christus angenommen!

Du bist in Christus!

Du bist!

## ›HIDDEN AGENDA‹ ODER OFFENBARE ABSICHT?

Ob wir es fühlen oder nicht,
ob wir es erfahren und sehen
oder im Augenblick nur
glauben und hoffen können,

über allem, was
Gott mit uns vorhat,
steht die klare Absicht
all seines Handelns
in Christus an uns:
»damit sie Leben haben
und es im Überfluss haben«.

*Joh 10,10*

## WER BIN ICH?

Ich denke, also bin ich.
Ich fühle, also bin ich.
Ich arbeite …

Aber begründet das
mein Leben?

Was mich zutiefst
bestimmt und erfüllt,
ist mein Bezogensein
auf dich.

Denn du liebst mich,
also bin ich.
Ich bin
von Dir geliebt,
das bin Ich.

## DOPPELT MOTIVIERT

Als Töchter und
Söhne Gottes
haben wir gleich eine
zweifache Perspektive.

Wir sind gewollt,
wo wir herkommen;
und wo wir hingehen,
werden wir erwartet.

Etwas Schöneres als
diese Wertschätzung
durch die Liebe Gottes
werden wir nicht einmal
im Himmel erfahren.

Und wenn wir von
dieser Zuversicht
schon hier und jetzt
erfüllt sind,
verändert das alles
an unserem Leben
auf der Erde.

*1. Joh 3,1f.*

# DER MEINE FREUDE UND WONNE IST

Glauben bedeutet,
sich mit Gott
und an ihm
zu freuen.

Wer ganz in Gott
und seiner Liebe lebt,
der freut sich *in ihm*.

»Freuet euch *in* dem Herrn
allewege,
und abermals sage ich:
Freuet euch!«

»Lass sich freuen alle,
die auf dich trauen …
Fröhlich lass sein *in* dir,
die deinen Namen lieben!«

»Ich freue mich *im* Herrn,
und meine Seele ist
fröhlich in meinem Gott …«

*Ps 43,4; Phil 4,4; Ps 5,12; Jes 61,10*

## HIMMEL UND ERDE

Das wenige,
das wir
vom Himmel
schon
auf Erden
erkennen,
bringt uns
schon sehr
viel Himmel
auf Erden.

## GLAUBENSLEBEN

Genügt es wirklich,
allein an Gott zu glauben?
Müssen wir den Glauben
dann nicht auch ausleben?

Wir leben den Glauben an Gott aus,
indem wir im Glauben aus Gott leben.

Die Früchte des Glaubens
bringen nicht wir hervor,
sondern Gottes Geist in uns.

Der Glaube will nicht nur
für Gott, sondern vor allem
mit ihm, in ihm und
aus ihm leben.

Darin besteht also
unser Glaubensleben,
dass der, an den wir glauben,
in uns und durch unser
Denken und Wollen,
Reden und Handeln lebt.

## ICH FREUE MICH AN DIR

Wenn sich sogar der Himmel
an deinem Leben freut,
willst du ihm da die
Mitfreude verweigern?

Und wenn du dich schon
mit Gott freust,
warum nicht auch gleich
über andere Menschen?

## SCHIRM UND SCHILD

Von dir und aus deiner Gnade
bin ich geschaffen worden –
einzigartig!

Durch dich und deine
selbstlose Zuwendung
bin ich erlöst und befreit –
wertvoll!

In dir habe ich teil an all dem,
was du durch dein Kreuz und
deine Auferstehung bewirkt hast –
kostbar!

Zu dir und zu deiner
vollkommenen Liebe
willst du mich führen und
durch alle Gefahren begleiten –
herrlich!

Ich bin einzigartig, wertvoll,
kostbar und herrlich
geborgen in dir!

*Ps 91,1ff.; Kol 1,16f.; Röm 11,36*

## ZEIT UND EWIGKEIT –
## ÜBER DIE DAUER DES GLÜCKS

Ein wundervoller Augenblick –
*nur einen Augenblick*

Ein überwältigendes Konzert –
*eineinhalb bis zwei Stunden*

Ein großartiges Fest –
*bis zu einer ganzen Nacht*

Das Glück einer Wunscherfüllung –
*je nach Größe – sieben Minuten,*
*Stunden oder Tage*

Ein begeisternder Urlaub –
*ein bis drei Wochen*

Eine erfüllende Liebesbeziehung –
*ein ganzes Leben lang*

Die Freude an Gott und seiner Liebe –
*eine ganze Ewigkeit*

NUR DAS BESTE!

Wollen wir uns gegenseitig
in unserem Planen und Tun
motivieren, dann geben wir
gelegentlich die Losung aus:
»Das Beste ist für Gott
gerade gut genug!«

Zur beflügelnden Einsicht –
statt zur lähmenden Last
und Selbstüberforderung –
wird die Aussage aber erst,
wenn wir zugleich und
vor allem betonen,
dass sich dieser Gott
für unsere schlechtesten
Voraussetzungen
nicht zu gut war
und für unser
schlimmstes Unvermögen
nicht zu schade.

In seiner unbegreiflichen
Liebe und Zuneigung
gab er sich selbst
für uns in die Schwachheit

und Vergänglichkeit
unseres Lebens dahin,
damit wir fortan
an seinem ewigen Leben
und an seiner Stärke teilhaben.

Er sandte zu unserer Versöhnung
nicht nur einen weiteren Propheten
oder einen seiner zahlreichen Engel,
sondern seinen einzigen,
über alles geliebten Sohn.[35]

Denn wenn es um
seine Menschen geht,
dann ist Gott das Beste
gerade gut genug!

## ZUTRAUEN, VERTRAUEN, ANVERTRAUEN

Der Glaube will nicht
seinen eigenen
Puls fühlen,
sondern den
Herzschlag Gottes.

Der Glaube liebt es nicht,
sich mit sich selbst
zu beschäftigen,
sondern mit dem,
was Gott beschäftigt.

Denn Glauben bedeutet,
sich von Gott her zu verstehen
und sich ganz in ihm zu gründen.

Wer glaubt, verlässt sich selbst,
indem er sich auf Gott verlässt.

Ein selbstbezogener Glaube
wäre ein Widerspruch in sich.

*Röm 3,22ff.; 4,16ff.; Hebr 11,1ff.*

## IN BESTEN HÄNDEN

Du bist mir, Herr, treuer,
als ich mir selbst bin,
liebst mich umfassender,
als ich es kann;
an meiner Entfaltung
und meinem Glück
liegt dir noch mehr als mir,
und niemand anders als du
behaftet mich
so konsequent bei dem,
was ich selbst für wichtig halte.

Wenn das aber so ist
und ich dir, Herr,
eher trauen kann als mir selbst,
dann ist mein Leben
in deinen Händen
noch besser aufgehoben
als in meinen eigenen.

## ZURÜCKFINDEN

Wie finden wir zu Gott zurück,
wenn wir erkennen müssen,
dass wir uns von ihm
durch ein bestimmtes Verhalten
oder durch allmähliche Entfremdung
getrennt haben?

Zu unserer Überraschung
brauchen wir nichts zu tun,
als uns umzudrehen und
uns Gott neu zuzuwenden.
Denn wie weit wir uns auch
von Gott entfernt haben mögen,
er hat sich nicht von uns entfernt.

Auch wenn wir uns selbst
und ihm gegenüber
immer wieder untreu werden,
so bleibt Gott uns
und sich selbst
doch beständig treu.
Er kann sich selbst
nicht verleugnen (2. Tim 2,13).

Sosehr wir unsere Berufung
vernachlässigen mögen
und sooft wir auch vergessen,
was er uns in Christus
bereits geschenkt hat,
hält Gott doch an seiner Zusage fest
und holt uns auf unseren Wegen
wieder und wieder ein.
Denn Gottes Gaben und Berufung
können ihn nicht gereuen (Röm 11,29).

Die Folgen unserer Abwege
und Fehlentscheidungen
mögen uns durchaus noch
lange zu schaffen machen.
Der entscheidende Beginn
des Neuanfangs aber
liegt in dem Augenblick
der Hinwendung zu dem,
der uns längst zugewandt ist.

Mögen wir uns auch *tausend* Schritte
von Gott weg entfernt haben,
so bedarf es dank der Liebe
und Vergebungsbereitschaft Gottes
nicht mehr als *eines einzigen* Schrittes,
um zu ihm zurückzukehren.

## UNBEGREIFLICH SCHÖN

Wer zu Christus kommt,
wird begreifen,
dass er von Christus
bereits ergriffen ist.

Denn diejenigen,
die er ergriffen hat,
die wollen ihn nun
ihrerseits ergreifen;
und bei denen er
an seinem Ziel
angekommen ist,
die können nicht anders,
als ihm nachzujagen.

Unbegreiflich schön
an diesem Lauf ist,
dass er mit dem
*Sieg Christi* beginnt
und dass wir deshalb
am *Ziel* starten können,
damit wir es auch
ganz gewiss erreichen.

*Phil 3,12-14; 2. Kor 2,14*

## UND ER VERLIESS ALLES
## UND FOLGTE IHM NACH

Ich will nicht meine
Zukunft verpassen,
nur weil ich meine
Vergangenheit nicht
loslassen kann.

Warum sollte ich mich auch
verzweifelt an das klammern,
was ich nicht festhalten kann,
wenn ich doch ergreifen darf,
was ich nie mehr entbehren will?

Um zu gewinnen,
lasse ich also los,
nicht, um zu verlieren.

Lieber folge ich
meiner Zukunft nach,
als meiner Vergangenheit
hinterherzulaufen.

*Lk 5,28; Mk 1,18.20*

## NUN ABER BLEIBEN GLAUBE, HOFFNUNG, LIEBE, DIESE DREI

Glaube
kennt keine
Beschränkung.

Hoffnung
kennt keine
Zeit.

Liebe
kennt keine
Grenzen.

*1. Kor 13,13*

## UNGLAUBLICH – ABER GLAUBHAFT!

»Da sie aber noch nicht glaubten vor Freude …«
(Lk 24,41)

Es gibt eine sonderbare Art des Unglaubens, die sich allein daran stößt, dass das Erkannte einfach zu schön ist, um wahr zu sein. Als der Auferstandene seinen Jüngern begegnet, können sie das, was sie sehen, nicht glauben – aus keinem anderen Grund als dem, dass sie sich unglaublich freuen.

Wie oft haben wir die Botschaft des Evangeliums in unserem Leben schon abgeschwächt, nur weil wir nicht glauben wollten, dass es in dieser traurigen Welt tatsächlich eine solch ›erfreuliche Nachricht‹ gibt. Wie häufig schon haben wir den persönlichen Zuspruch Gottes in Hinsicht auf uns selbst relativiert, nur weil er so gar nicht zu unserer persönlichen Biografie und Erfahrung passt.

Ist uns bewusst, dass wir damit das Negative zum Maßstab für unsere Wahrheit machen und das Traurige und Schwere zum Kriterium unseres Glaubens? Wir sind mit dem, was uns abwertet, hindert und schadet, so vertraut, dass wir dem, was unser Leben und unser Glück fördern will, erst gar kein Vertrauen mehr schenken können. Um uns nach allen bisherigen Enttäuschungen auf keinen Fall neue Illusionen zu machen, verzichten wir lieber ganz auf die Hoffnung und begegnen allem Vielversprechenden vorsorglich mit Misstrauen.

Nun ist aber das Evangelium von Gottes Liebe zu uns die Wahrheit, die sich aller menschlichen Enttäuschung entgegenstellt, und die Nachricht von der Auferstehung Christi sprengt grundsätzlich alles, was wir aus Erfahrung für wahrscheinlich halten. So sind wir eingeladen, gerade das zu glauben, was unendlich schön ist, und das für wahr zu halten, was uns Grund zu überschwänglicher Freude gibt. Denn die gute Nachricht Gottes ist zu *wahr*, um nicht als *schön* erkannt zu werden, und die Wirklichkeit des Auferstandenen ist für uns als Gläubige *unglaublich glaubhaft*.

## VERTRAUENERWECKEND

Dir glaube ich,
mein Gott,
aufs Wort.
Was du mir
zusagst,
will ich fassen.
Bei dir kann
ich mich
fallen lassen,
zu jeder Zeit,
an jedem Ort.

Dir möchte ich
mich anvertrauen,
auf dich kann ich
mich ganz verlassen.
So will ich mich
mit dir befassen,
um dich in deinem
Wort zu schauen.

*Röm 10,17; Gal 3,2.5*

## ABGESEHEN VON DER LIEBE?

Welchen Sinn hat es,
wenn wir Gott im Gebet
Dinge erzählen,
die er schon weiß,
Fragen stellen,
die er längst beantwortet hat,
Anliegen vorbringen,
die er viel besser beurteilen kann,
Bitten aussprechen, deren Erhörung
er bereits eingeleitet hat?

Abgesehen von seiner Liebe –
hätte es keinen Sinn!

Aber in Anbetracht
seiner grenzenlosen
Zuneigung zu uns
können wir gar nicht
zu oft vor ihn treten,
zu lange mit ihm sprechen
und zu viel von ihm erbitten.

Denn Gott ist in seiner Liebe
nicht darauf aus,
nur Bitten zu erhören,
sondern *uns* zu erhören.
Er möchte nicht
etwas Neues von uns hören,
sondern er will *uns* hören –
und das immer wieder aufs Neue.

## WIE IM HIMMEL, SO AUF ERDEN

Wenn Gott uns
im Glauben
sein Leben schenkt,
dann will er
nicht nur uns
von der Erde
in den Himmel
bringen,
sondern durch uns
auch den Himmel
auf die Erde.

*Mt 5,13-16; 6,9f.*

## DER GLÜCKLICHE TAUSCH

Es ist deine gewaltlose Liebe,
Jesus, die mich überwältigt,
und deine Selbstlosigkeit,
die mich an dich bindet.

Wer liebt seine fernsten Feinde,
bis sie ihm zu Nächsten werden?
Welcher Gerechte gibt schon sein
eigenes Leben für Ungerechte?

Es ist deine bewusst
gewählte Armut,
die mich unversehens
reich macht,
deine Erniedrigung
bis zum Tode,
die mich zum höchsten
Leben erhöht.

Wer segnet schon,
die ihn verfluchen,
und bittet für die,
die ihn nicht erhören?

Wie sollte ich einer solchen
Sanftmut widerstehen?
Wie könnte ich bei einer
so beschämenden Demut
unverschämt
hochmütig bleiben?

Deine selbst zum Leiden
noch bereite Liebe
verleidet mir meinen Hass
und deine bedingungslose
Versöhnungsbereitschaft
meine unbedingte
Unversöhnlichkeit.

Du trugst für uns
das Unerträgliche,
damit wir für dich
tragen lernen,
was du uns
aufgetragen hast.

Du wurdest, was wir sind,
zu einem von Schuld
gezeichneten Sterblichen,
damit wir werden, was du bist,
für das ewige Leben
auserwählte Gerechte.

Welch glücklicher Tausch
und welch seliger Wechsel!

»Denn ihr kennt die Gnade
unseres Herrn Jesus Christus,
dass er, da er reich war,
um euretwillen arm wurde,
damit ihr durch seine Armut
reich würdet.«

*2. Kor 8,9; 2. Kor 5,21; Gal 3,13; 4,4*

## HOFFST DU NOCH ODER SCHON?

Der Volksmund sagt:
»Die Hoffnung
*stirbt zuletzt*«,
und will damit
andeuten, dass
wir Menschen auch
dann noch an einer
Wunschvorstellung
festhalten wollen,
wenn eigentlich schon
alles verloren ist.

Der Glaube spricht:
»Die Hoffnung
*lebt als Erstes!*«,
und begreift damit,
dass in der auf Christus
gegründeten Hoffnung
schon alles gerettet ist,
lange bevor wir selbst
es uns vorstellen
oder auch nur
wünschen können.

## VORFREUDE

Vorfreude ist die Fähigkeit,
vor Freude außer sich zu sein,
obwohl der Grund zur Freude
noch gar nicht bei einem ist.

Vorfreude ist die Kunst,
die angenehmen Folgen
der Erfüllung
schon real zu erleben,
bevor die Voraussetzungen
des Glücks sich überhaupt
verwirklicht haben.

Vorfreude ist eine
bewegende Erfahrung,
bei der die Wirkung
der Ursache zuvorkommt!

## DAS GESCHENK DER LIEBE

Gott liebt nicht
auf Kredit!
Was ihn
interessiert,
sind nicht
unsere Zinsen,
sondern wir.

Die Dankbarkeit,
an der er sich freut,
ist nicht unser
Zurückzahlen
des von ihm
Empfangenen
auf Heller und Pfennig,
sondern unsere
Zuwendung zu ihm
aus Liebe und Einsicht.

*Lk 7,36-50*

## FREUDE

Wir sollten es lernen,
uns in Christus zu freuen,
auch wenn wir sonst keinen
Grund zur Freude sehen,

und uns vor allem anderen
über Christus zu freuen,
wenn wir viel Grund
zur Freude haben.

## ZU HAUSE

Wer in der
*Liebe*
zu Hause ist,
dem ist die
*Zuversicht*
das Fenster
in die
Zukunft
und das
*Vertrauen*
die Tür zum
Leben.

*1. Thess 1,3; 1. Kor 13,13*

## DER HERR IST MEIN GUT UND MEIN TEIL

Gott sagt zu dir
nicht: »Lass los!«,
sondern: »Gib es mir!«

Nicht: »Du darfst dich nicht an
vergängliches Gut klammern!«,
sondern: »Begreife, dass
ich dein ewiger Schatz bin!«

Er fordert nicht:
»Du musst hinnehmen,
dass du vergänglich bist!«,
sondern:
»Du darfst annehmen,
dass ich niemals von
deiner Seite weiche!«

Nicht: »Gib zu,
dass du stürzt!«,
sondern:
»Lass dich bei mir und
in meine Arme fallen!«

Er spricht nicht:
»Du darfst nicht verkrampft
an den Dingen festhalten!«,
sondern:
»Komm, lass mich
deine Hand ergreifen!«

Er erhebt nicht den Anspruch:
»Du musst mir blind vertrauen!«,
sondern er schenkt mir seinen
vertrauenswürdigen Zuspruch:
»Ich habe dich schon immer
in Liebe angesehen!«

Gott nimmt mir nicht weg,
woran ich hänge, sondern
er erweist sich mir selbst als das,
was ich so sehr vermisst habe.

*Ps 16,5; 73,23-26*

## DU BIST MEIN LEBEN

Wer sich an
Christus verliert,
findet sich selbst;
und wer in ihm
sein Leben sucht,
hat es bereits
gewonnen.

Das könnte man von
keiner anderen Person
so entschieden sagen.
Aber Jesus Christus
gilt für den Glauben
als das Leben und
die Liebe selbst –
und dann kann
man es wahrhaftig
und logisch gar nicht
anders sagen.

»Dieser ist der
wahre Gott und
das ewige Leben.«

*Phil 1,21; 1. Joh 5,20; Joh 11,25f.*

# HOFFENTLICH ENTTÄUSCHE ICH DICH NICHT!

Wir können Gott
nicht enttäuschen!

Denn um von uns
ent-täuscht zu werden,
müsste er sich zuvor
in uns ge-täuscht haben.

Als Gott kennt er uns
in seiner Allwissenheit
von jeher als die, die wir sind,
und als die Liebe in Person
liebt er uns schon immer
eben genau so, wie wir sind.

Im Unterschied zu mancher
menschlichen Beziehung
beruhen die Anerkennung und
die Zuwendung bei Gott also
nicht auf unserem Schein
und äußerem Eindruck,
sondern auf seinem Sein
und innerem Ausdruck.

## MIT LEEREN HÄNDEN

Sag mal, findest du das
nicht erniedrigend und
entwürdigend, wenn du
stets auf Gottes Gnade
angewiesen bleibst und
ständig mit leeren Händen
zu Gott kommen musst?

Wenn du wüsstest, wie
reich wir durch Gottes
Zuwendung und Güte
beschenkt werden,
kämst du niemals
auf den Gedanken,
mit gefüllten Taschen
und beladenen Armen
vor deinen Gott zu treten.

Wie sollte ich denn all
die Geschenke seiner
überwältigenden Liebe
fassen und ergreifen,
solange meine Hände noch
verkrampft an all meinem
eigenen Krempel festhalten?

## UND SEID REICHLICH DANKBAR

Wer danken kann,
wird gleich mehrfach
beschenkt –
zunächst, wenn er das
Geschenk empfängt,
und dann jedes Mal,
wenn er sich daran
dankbar erinnert.

So erweist sich nicht nur
der Beschenkte als dankbar,
sondern auch der Dankbare
als erneut beschenkt.

»Seid überreich im Danken,
voll überfließender Dankbarkeit
und überströmend von Dank!«

*Kol 2,7*

## WESENTLICH VERÄNDERT

»Was hat sich
durch den Glauben
in deinem
alltäglichen Leben
denn konkret
verändert?« –

»Meine Probleme
sind nicht viel
kleiner geworden –
aber Gott viel größer.«

## GLAUBENS-GEWISSHEIT

Dein *Glaube* mag dich
manchmal verlassen,
niemals aber dein *Gott*.

Es mag fremden Einflüssen
vorübergehend gelingen,
*dir* deinen Herrn wegzunehmen,
es wird ihnen aber nicht gelingen,
*dich* deinem Herrn wegzunehmen.

Es mag passieren, dass du
vor lauter Sorge oder aus Übermut
Christus aus den Augen verlierst,
er wird *dich* aber immer liebevoll
im Blick behalten und wie seinen
eigenen Augapfel behüten.

Und sogar, wenn es vorkommen sollte,
dass du ihm und dir selbst einmal
untreu wirst und ihn verleugnest,
so bleibt er doch dir und sich selbst treu,
denn er kann sich selbst nicht verleugnen.

*Joh 10,27-30; Röm 8,31-38; 2. Tim 2,13;*
*5. Mose 32,10; Ps 17,8*

## EINE NUMMER ZU GROSS?

Mit 17 träumen wir davon, durch unser Leben die Welt zu bewegen. Vielleicht sind wir ja dazu ausersehen, etwas ganz Großes und Besonderes zu leisten!

Mit 27 trauen wir es uns durchaus zu, in unserem beruflichen und privaten Aufgabenbereich Überdurchschnittliches zu bewirken. Uns motiviert die Überzeugung, dass wir unsere Umgebung grundlegend zum Positiven hin verändern können.

Mit 37 hoffen wir – nachdem wir manche Federn lassen mussten –, zumindest im begrenzten Rahmen und bei einigen uns wichtigen Menschen von großer Bedeutung zu sein. Liegt nicht das Geheimnis jedes Erfolges in der Konzentration auf das Wesentliche, und bedeutet Konzentration nicht zwangsläufig Beschränkung?

Mit 47 ist der Traum von dem ganz großen Wurf dann wohl für alle Zeit vorüber. Zu ähnlich ist doch unser Leben dem Leben all der anderen, die wir einst leidenschaftlich verändern wollten. Was uns so schreckt, ist die an sich schlichte Erkenntnis, dass wir – auch wir! – nur ganz normale und begrenzte Menschen sind. Der Wahrheit über unser Leben sehen wir tief ins Auge – und fliehen oder halten stand.

Müssen wir eigentlich erst 57 oder 67 oder … Jahre alt werden, um zu begreifen, was wir auch schon mit 17 wissen könnten – dass Jesus Christus und nicht wir selbst die Grundlage unseres Glaubens ist und dass die Hoffnung auf ihn und sein Wirken in dieser Welt nicht von den Illusionen lebt, die wir uns von uns selbst machen?

## MEINE GNADE REICHT FÜR DICH AUS

Gott erwartet
in seiner Liebe
nichts von uns,
was er uns
in seiner Gnade
nicht selbst
schenken würde.

*2. Kor 12,9f.*

## WACHSEN IN DER LIEBE

Mehr lieben kann uns
Gott gar nicht,
als er es schon immer
getan hat und uns
in Christus zeigt –
aber wir können
immer mehr erkennen,
wie sehr er uns liebt.

So brauchen wir nicht
erst Gott zu lieben,
damit er uns lieben kann,
sondern wir wachsen
in unserer Liebe,
wenn wir erkennen,
dass er uns schon immer
vollkommen geliebt hat.

*1. Thess 3,12; 1. Joh 4,9-16*

## WER BIN ICH UND WIE WILL ICH SEIN?

Wesentlich will ich sein,
nicht unbedingt wichtig.

In Übereinstimmung mit
meiner Berufung, Begabung
und Überzeugung will ich leben,
nicht in falscher Anpassung
an die Erwartungen anderer.

Gott und mir selbst möchte ich
in die Augen schauen können
und nicht nach den Blicken
anderer Menschen schielen.

Weder will ich mich von
dem her bestimmen lassen,
was ich habe und besitze,
noch von dem her verstehen,
was ich leiste und arbeite –
sondern von dem her,
was du mir, Herr, bist.

Denn wenn ich, mein Gott,
nur bei dir bin, dann
bin ich ganz bei mir selbst.

## LIEBE DEINEN NÄCHSTEN WIE DICH SELBST!

Eine negative
Selbstbeziehung
ist keineswegs
die Grundlage
für eine positive
Nächstenliebe;
und wer sich selbst
gering schätzt,
dem fehlt für die
Hochschätzung anderer
eine ganz entscheidende
Voraussetzung.

Die Liebe hat
wohl die Demut
zur Schwester,
aber keinesfalls die
Selbstverachtung
zur Mutter.

## NIEMAND ANDERS

Ich bin niemand anders
als ich selbst
und brauche auch
kein anderer zu sein.

Nur anders will ich
noch werden,
nämlich noch mehr
ich selbst,

so wie Gott mich sieht
und ich mich
immer wieder erkenne,

so wie Gott mich will
und ich mich
selbst schätze.

## LEBEN ODER STERBEN?

»Nachfolge bedeutet *Selbstverleugnung!*« – Nein, Nachfolge bedeutet Selbst*findung!* Denn wenn ich Christus nachfolge, dann finde ich bei ihm mein wirkliches und eigentliches Leben. Nur insoweit ich mir selbst im Wege stehe und mich durch meine Isolation von Gott vom Leben abhalte, muss ich mich von mir distanzieren – um mein wahres Selbst bei Christus zu finden.

»Heiligung bedeutet *Selbstaufgabe!*« – Nein, Heiligung bedeutet *Hingabe!* Heilig ist, was Gott geweiht und ihm zur Verfügung gestellt wurde. Heiligkeit ist keine Eigenschaft, die der Mensch durch eigene Frömmigkeit erlangt, sondern sie ist eine Bestimmung – nämlich die, für Gott und mit ihm zu leben. Heilig bin ich also, wenn ich mich mit meinem ganzen Leben Gott anvertraue und ihm gegenüber vorbehaltlos offen bin. Was aber soll ich Gott schenken, wenn ich vor lauter Selbstzerstörung nicht mehr bin? Was hat Gott von mir, wenn ich mich gar nicht ihm, sondern nur der frommen Beschäftigung mit mir selbst hingebe?

»Glauben bedeutet *Absterben!*« – Nein, an Christus glauben heißt, mit ihm – der für uns ein für alle Mal gestorben ist – zu *leben!* Mit seinem Kreuz und seiner Auferstehung hat uns Christus alles geschenkt, was wir für unser ewiges Leben jetzt und in Zukunft brauchen. Er hat durch seinen Tod den Tod getötet und durch sein neues Leben unser Leben neu geschaffen. Er ist an unserer Stelle und zu unseren Gunsten der Sünde gestorben, damit wir durch ihn und mit ihm frei sind von der Schuld und von der Herrschaft unseres alten Lebens. So sollen wir gar nicht erst versuchen, auch ohne Christus von der Sünde freizukommen, sondern unsere Freiheit in Christus beanspruchen. Wir brauchen nicht selbst zu sterben, sondern dürfen Christus glauben, dass er uns bereits in seinen Tod mit einbezogen hat, sodass wir jetzt mit ihm leben können.

In den Tod geben sollten wir allerdings die Vorstellungen unserer falschen Frömmigkeit – als ließe sich die Sünde von unseren eigenen verzweifelten Anstrengungen beeindrucken und als hätte der Gott des Lebens und der Liebe Gefallen am Sterben, Leiden und Zerknirschtsein seiner Kinder.

## DENN MEINE LAST IST LEICHT …

Nur halbherzig gläubig zu sein ist
mehr als doppelt so anstrengend,
wie es von ganzem Herzen
sein zu wollen.

Denn wie entlastend
ist ein Glaube,
der sich nur halb
gewiss sein kann?
Und wie hilfreich
eine Hoffnung,
die gerade mal
zur Hälfte trägt?

Hingegen sind die, die
von ganzem Herzen
lieben wollen,
von vielen Sorgen
und Ängsten befreit,
weil sie alles und jeden
im Angesicht dessen
sehen können, der sie selbst
von ganzem Herzen liebt.

*Mt 11,28-30*

## DIALOG MIT EINEM JÜNGER – ÜBER DIE ZEITLICHEN ASPEKTE DER NACHFOLGE

Wer bist du?

Ich bin Jünger!

… jünger als wer?

Als Berufener bin ich Jünger!

Warst du denn vor deiner Berufung älter?

Das ist eine interessante Frage.
Jedenfalls kam ich mir älter vor,
als ich noch nicht Jünger war.
Jüngersein ist sicherlich die
glücklichste Art, mit seinem
alten Leben abzuschließen
und jünger zu werden,
als man es vor seinem
Jüngersein war.

## GESCHENKWEISE – GRATIS PER GRATIAM

Warum kann es bei denen, die
Gottes bedingungslose Liebe
zu ihnen wirklich erkannt haben,
nicht zu dem Missverständnis
einer »billigen Gnade« kommen?

Nicht etwa, weil sie die
frei empfangene Gnade
durch fromme Gegenleistung
wieder zurückzahlen müssten,
sondern, weil für sie
das kostenlose Geschenk der
Zuwendung und Güte Gottes
so wertvoll und teuer ist, dass
sie es um keinen Preis mehr
verlieren oder missen wollten.

»Sie werden geschenkweise – also
umsonst, ohne es verdient zu haben –
gerecht aus seiner Gnade
durch die Erlösung,
die in Christus Jesus ist.«

*Röm 3,24; Eph 2,4-9*

## FREI!

Wenn ich nicht mehr
unter dem Gesetz bin,
sondern unter der Gnade,
kann ich endlich
tun und lassen –
was Christus will!

## ALLES, WAS ICH BRAUCHE – CHRISTUSGENÜGSAMKEIT

Du bist, Christus, selbst
alles, was ich brauche,
um so zu leben,
wie du es willst.

Und ich bin, Christus,
so wie ich bin,
alles, was du willst,
um durch mich zu leben,
wie ich es brauche.

## VORAUSSETZUNGSLOS, ABER FOLGENREICH

Unser Mangel
an Liebe
kann nichts an
Gottes Liebe
ändern,
aber Gottes Liebe
alles an unserem
Mangel an Liebe.

Unser Unglaube
lässt Gott nicht
schwächer werden,
aber Gottes Kraft
macht unseren
schwachen Glauben
stärker.

Durch unsere
Verzweiflung wird
die Wirklichkeit
des Himmels
kein bisschen kleiner,

aber durch das
Wirken des Himmels
unsere Hoffnung
sehr viel größer.

Denn selbst
unsere Sünde
kann Gott nicht
von seiner Liebe
abbringen –
aber seine Liebe
uns von der Sünde.

## SEIN WIE GOTT ODER
## SEIN MIT GOTT?

Gebet eines Geschöpfes,
das durch seinen Schöpfer
zu sich selbst gefunden hat:

»Du bist Gott, und ich bin Mensch.

Du hast mich gewollt und erschaffen;
das muss ich nicht mehr selbst tun.

Ich brauche nicht wie Gott zu werden;
aber ich darf sein, wozu du mich
geschaffen hast – dein Mensch.

Ich kann nicht wie du sein, Gott;
aber du wurdest in Jesus Christus,
was ich bin, Mensch,
damit ich an dem teilhaben kann,
was du bist, Leben und Liebe.

Du bist ewig, ich bin endlich;
endlich bin ich mit dir ewig!«

*2. Petr 1,3f.*

## ICH WILL DICH SEGNEN

Es ist ein Geheimnis, aber
keineswegs ein Rätsel,
dass Gott uns gerade
das anvertrauen will,
was wir ihm loslassen,
dass er uns schenkt,
was wir ihm geben,
und dass er segnet,
was wir ihm anvertrauen.

Das gilt für all das, was
wir haben und können,
vor allem aber für uns selbst
und für das, was uns
besonders wertvoll ist.

Gott freut es, von uns
beschenkt zu werden –
aber er bleibt uns
nie etwas schuldig.

## DER GEIST HILFT UNSERER SCHWACHHEIT AUF

Du verstehst es, Herr,
mich besser zu verstehen,
als ich mich selbst verstehe.

Du hörst bei meinen Worten,
was ich eigentlich sagen will und
was ich unausgesprochen meine.

Du erhörst meine Gebete nicht etwa
nur so, wie ich sie gerade spreche,
sondern wie es meinem eigentlichen
Anliegen entspricht.

So kommt es oft vor, dass ich meine
wirklichen Wünsche und Hoffnungen
erst aus der Rückschau deiner
wunderbaren Erhörungen erkenne
und den tiefen Sinn meiner Gebete
erst von deiner Erfüllung her erahne.

Wie soll ich wissen, was ich meine,
bevor du erhört hast, was ich bete?

*Ps 139,1ff.; Röm 8,26f.*

## PERSPEKTIVENWECHSEL

Wenn ich die Herausforderungen
meines Alltags nicht länger als
meine Verlegenheiten wahrnehme,
sondern als Gottes Gelegenheiten,
dann frage ich nicht mehr:
»Wie mache ich das?«, sondern:
»Wie machen wir das?«

Dann heißt es nicht verzweifelt:
»Wie soll ich Erschöpfter
das auch noch schaffen?«,
sondern erwartungsvoll:
»Wie willst Du, mein Schöpfer,
dies durch mich erschaffen?«

## VOR DIR IST FREUDE DIE FÜLLE

»Du bist Gott eine Freude!«
war die überraschende und
überwältigende Zusage, die
mich – noch ungläubig – traf.

Und nachdem ich dir dieses
und vieles mehr glauben lernte,
kann ich von Herzen erwidern:
»Du bist, Gott, eine Freude!«

*Ps 16,11; 43,4*

## NOCH EINMAL VON NEUEM: »SO SIND WIR NUN BOTSCHAFTER AN CHRISTI STATT«

»Wird es dir nicht irgendwann
einmal langweilig und mühselig,
die Grundaussagen des Evangeliums
immer wieder von vorne zu entfalten
und dieselben Fragen des Glaubens
von Neuem beantworten zu müssen?« –

Wird es mir je lästig, zu atmen, oder
werde ich des täglichen Schlafes müde?
Verliere ich – solange ich gesund bin –
die Freude an Trinken und Essen,
oder bin ich es irgendwann leid,
Liebe und Anerkennung zu erfahren?
Wird mir das Glück in meinem Leben
je zu viel, oder beschwere ich mich
über meine Freude?

Von dem, was Gott uns
in Christus geschenkt hat,
möchte ich so lange sprechen,
wie ich auf dieser Erde lebe.

»Und danach?« –

Danach werde ich selbst mir
das Evangelium von Christus
persönlich zusprechen lassen –
und er wird nicht müde werden,
mir wie all den anderen
von der Liebe seines Vaters
noch einmal von Neuem zu erzählen
und uns alles so geduldig zu erklären,
als täte er es das allererste Mal.

*2. Kor 5,20*

## VERGEBEN UND VERGESSEN?

Wir wollen Vergebung,
weil wir vergessen wollen;
Gott aber vergibt uns,
damit wir uns erinnern –

wie sehr er uns beschenkt,
indem er uns
bedingungslos annimmt,
wie wenig wir uns
von den anderen unterscheiden,
die wir sonst so leicht verurteilen,
und wie weit unsere
Vorstellung von uns selbst
von der Wirklichkeit entfernt ist.

So wird uns unsere Schuld
also nicht vergeben,
damit wir wieder
ganz die Alten sein können,
sondern damit wir Gott,
den anderen und uns selbst
neu und anders begegnen.

Der Sinn der Vergebung
liegt nämlich nicht darin,
dass wir wieder besser dastehen,

sondern darin, dass wir
Gott gegenüber dankbarer,
anderen gegenüber barmherziger
und uns selbst gegenüber
wahrhaftiger werden.

## ICH BIN MIR GEWISS …

Die Gewissheit des Heils ist
keine Frage der *Selbst*einschätzung,
sondern der *Christus*wertschätzung.

Denn die Liebe, von der uns
niemand trennen kann,
ist nicht unsere Liebe zu Gott,
sondern seine Liebe zu uns,
die er in Christus erwiesen
und uns zugesprochen hat.

Wir wissen nicht, ob wir nicht einmal
seine Hand loslassen werden,
aber wir können uns ganz sicher sein,
dass Christus uns niemals loslassen,
sondern immer festhalten wird –
im Leben wie im Sterben,
in der Zukunft wie in der Gegenwart,
in Höhen wie in Tiefen.

Die Treue, der wir trauen, und die Liebe,
die uns über die Maßen überwinden lässt,
haben wir allein, aber gewiss – in Christus.

*Joh 10,27ff.; Röm 8,38f.*

ÜBERLASTET?

Manchmal gründet unsere Kraftlosigkeit
nicht in unserem Mangel an Stärke,
sondern in dem Übermaß unserer Belastung.

Dann sollten wir Gott nicht
um mehr Kraft bitten,
sondern um die Weisheit,
zu erkennen,
was wir an abzulegendem Ballast
und an unangemessenen Lasten
mit uns herumtragen.

Wenn wir nämlich
nur die Belastungen aushalten
und nur die Aufgaben erfüllen,
die Gott selbst uns zugedacht hat,
dann dürfen wir ihm auch
getrost zutrauen,
dass er uns dafür von sich aus
die nötige Kraft gibt.

*Ps 68,20; Mt 11,28-30; 1. Thess 5,24*

## UND DU SOLLST EIN SEGEN SEIN

Erfahren wir Gottes Segen
in unserem Leben,
so wollen wir ihn am liebsten
festhalten und für uns bewahren.

Dabei hätten wir
noch viel mehr davon
und könnten ihn noch
unerschöpflicher genießen,
wenn wir ihn mit anderen teilen
und ihnen mitteilen würden.

Der Fluss des Segens Gottes
ist kein stehendes, sondern
ein fließendes Gewässer.

»Denn sein Segen
fließt daher
wie ein Strom
und tränkt die Erde
wie eine große Flut.«

*1. Mose 12,2f.; Sir 39,27*

## DEINE GÜTE IST BESSER ALS LEBEN

»Habe deine Lust am Herrn;
der wird dir geben,
was dein Herz wünscht.«

Die Lust am Herrn ist nicht
etwa das Mittel zur Erfüllung
unserer eigenen Wünsche,
sondern unsere Wünsche
finden dann in Gott ihre
tiefste Befriedigung und
bleibende Erfüllung,
wenn er selbst uns zur
Freude und Lust wird.

Denn das, wonach wir uns
als Geschöpfe Gottes
in Wahrheit sehnen,
ist nicht *etwas*,
sondern *er*.

»Sei stille dem Herrn
und warte auf ihn.«

*Ps 37,4.7; 63,4*

## EHE SIE RUFEN, WILL ICH ANTWORTEN

Herr, wenn du uns zuhörst,
bekommen unsere Worte Gewicht;
und wenn du dich uns zuwendest,
wird das, was wir sagen, wichtig.

Deine Aufmerksamkeit zeigt uns,
wie bedeutsam wir sind;
und deine Zuneigung zu uns
richtet uns wieder auf.

In dir finden wir unsere Antwort,
während wir nach Worten suchen;
und du schenkst uns
Zuversicht und Gewissheit,
während wir noch unsere
Fragen formulieren.

Unsere Angst verliert ihre Panik,
indem wir sie dir eingestehen;
und unsere Wut wandelt sich
in Umsicht und Entschiedenheit,
weil du auch unser Klagen duldest.

Wie klein erscheinen uns
unsere eigenen Sorgen, wenn wir

sie im Licht deiner Fürsorge
für diese ganze Welt sehen;
und wie beschämt sind wir
in unserer Unzufriedenheit,
wenn wir erkennen, wie viel
du für unseren Frieden tust.

Wie groß wird unsere Freude,
während wir sie mit dir teilen;
und wie überschwänglich reich
sind wir von dir beschenkt,
indem wir uns dir froh und
dankbar anvertrauen.

Du bist da, schon bevor wir dich rufen;
und noch während wir dich bitten,
antwortest du.

»Dann wirst du rufen, und
der Herr wird dir antworten.
Wenn du schreist, wird er sagen:
Siehe, hier bin ich.«

»Ehe sie rufen, will ich antworten;
wenn sie noch reden, will ich hören.«

*Jes 58,9; 65,24*

## KINDER DES LICHTS

Es gibt Menschen,
die erscheinen uns
wie Edelsteine.

Nicht, dass sie
anders als andere
Menschenkinder
von sich aus leuchten
oder göttliches Licht
hervorbringen könnten;
aber sie reflektieren
und entfalten das
empfangene Licht
so farbenfroh
und strahlend,
dass man sich
unwillkürlich
nach der
Lichtquelle
umschaut.

*1. Thess 5,5; Mt 5,14; 2. Kor 3,18*

## LEBENDE KÖNNEN NICHT TOT SEIN

Christen mögen
auch zukünftig noch
ihr Leben verlieren,
Christus aber nicht mehr.
Er kann als der für uns bereits
Gekreuzigte und Auferstandene
sein Leben in Ewigkeit
nicht mehr verlieren.

Wenn wir an Jesus Christus
als den Auferstandenen glauben
und in der Gemeinschaft mit ihm
an seinem neuen Leben teilhaben,
dann können wir sogar
durch unser Sterben
von ihm und seinem Leben
nicht mehr getrennt werden.

Wir mögen wohl *sterben*,
wir können aber nicht mehr
*tot sein*.

»Spricht Jesus zu ihr:
Ich bin die Auferstehung
und das Leben.

Wer an mich glaubt, wird –
selbst wenn er stirbt – leben.
Und jeder, der lebt und
an mich glaubt, der wird
ganz gewiss in Ewigkeit
nicht mehr sterben!
Glaubst du das?«

»Wenn jemand mein Wort bewahrt,
der wird den Tod ganz gewiss
in Ewigkeit nicht sehen.«

*Johannes 11,25f.; 8,51*

## UNENTBEHRLICH

Das Geheimnis des Glaubens
erschließt sich mir,
indem ich lerne, dass ich
für mein eigenes Leben
entbehrlicher bin als Gott,

und indem ich erkenne,
dass Gott mich
in seinem Leben
niemals mehr
entbehren will.

## WARUM NICHT GLEICH SO?

Was wird im Himmel
einmal anders sein?

Wir werden in Ewigkeit
von der Liebe Gottes
überwältigt sein, die
uns bereits gegolten hat,
als wir noch gar nichts
von ihr wussten.

Begeistert werden wir
Gott darüber loben,
dass er uns in Christus
alles geschenkt hat,
was wir zu einem
ewig glücklichen Leben
und grenzenlosen Heil
je brauchen können.

Wir werden rückblickend
mit unserem ganzen Leben
versöhnt sein, weil wir uns
nicht mehr von uns selbst,
sondern von Christus her
verstehen werden.

Völlig überrascht werden
wir feststellen, wie viel Gott
durch seinen Geist in uns
über all die Jahre gewirkt hat,
während wir angefochten und
über unsere Unwirksamkeit
verzweifelt waren.

Getröstet werden wir
entdecken, dass wir
in der Vergangenheit
vielleicht oft einsam, aber
nie alleingelassen waren.

Endlich werden wir begreifen,
was wir in all unseren
Liedern und Gebeten
schon immer bekannt haben,
und wir werden erkennen,
was wir vom Evangelium her
schon lange wussten.

Denn wir werden
überwältigt sein
von einer Gnade,
die wir schon jetzt
nicht verdient haben.

Und wir werden uns unsäglich
über das Wiedersehen mit
geliebten Menschen freuen,
von denen wir heute noch
gar nicht getrennt sind.

Wenn das aber so ist,
dass alles, was uns dort
in Ewigkeit begeistern wird,
schon jetzt wahr und
schon hier gültig ist,
warum um Himmels willen
freuen wir uns dann
nicht schon auf der Erde?

## LEBENSWEISE

Wie gerne
wäre ich
vor Dir, Herr,
und zugunsten
anderer Menschen
ein wirklich »Weiser« –
ein Weg-Weiser Gottes.

Lebensweise
wollte ich sein,
indem ich durch
mein Sein und
meine Gesinnung,
durch mein Reden
und mein Verhalten
andere auf den Weg
zum Leben hinweise.

## ERSTE LIEBE

In all meinen Gedanken
bin ich, Herr, bei dir
und war noch nie so sehr
bei mir selbst.

Ich habe mein Herz
an dich verloren
und mich selbst
dabei gefunden.

Ich bin ganz und gar
an dich gebunden
und genieße diese
grenzenlose Freiheit.

Alles hast du bei mir
in Bewegung gebracht,
sodass ich endlich
zur Ruhe gekommen bin.

Wie kann ich so geborgen
und aufgehoben sein,
wo ich mich doch so
vorbehaltlos ausgeliefert
und geöffnet habe?

Warum werde ich immer reicher,
je mehr ich dir von mir schenke,
und bin bei all meinem Geben
immer selbst der Beschenkte?

Ich wende mich dir zu
und werde dabei auf
andere Menschen aufmerksam;
für dich will ich leben
und erfahre, wie mein Leben
gerade darin für andere
wertvoll wird.

Je mehr ich dich verstehe,
desto weniger meine ich,
dich schon zu kennen;
und je mehr ich
von dir erfahre,
desto gespannter
bin ich auf dich.

Je vertrauter du mir wirst,
desto größeren Respekt
empfinde ich vor dir;
und bei allem Enträtseln
wirst du mir immer mehr
zum Geheimnis.

Ich glaube, Herr, dass ich
in dieser Zeit der
schönsten Widersprüche
zuletzt erfahre,
was die ›erste Liebe‹ ist.

## DU!

Du, den ich so sehr brauche,
aber den ich nie missbrauchen will!
Du, der du für mich notwendig bist,
aber doch viel mehr als nur die Not
in meinem Leben wendest!
Du, ohne den ich nicht sein kann
und mit dem ich nun immer sein darf!

Dir möchte ich mich völlig zuwenden,
um ohne jeden Vorbehalt offen
und ungeschützt vor dir zu stehen.
Dir will ich nicht nur viel oder alles,
sondern mich selbst schenken –
der du mich so vorbehaltlos
angenommen und beschenkt hast.
Dir gehöre ich zu und wünsche,
niemandem anders mehr zu gehören.

Dich will ich erkennen und verstehen,
so, wie du mich von Anfang an geliebt
und – besser als ich selbst – verstanden hast.
Dich möchte ich stets
in meinen Gedanken haben
und in mein ganzes Leben einbeziehen.

Dich, sage ich –
auch wenn ich noch oft inkonsequent
und schwach sein werde –,
dich, Christus, brauche ich nicht nur,
dich liebe ich!

## DENNOCH BLEIBE ICH BEI DIR

Dennoch bleibe ich bei dir, denn
du hältst mich bei deiner Hand,
leitest mich nach deinem Rat und
nimmst dich meiner an.
Nichts im Himmel, nichts auf Erden
reicht, mein Trost, an dich heran.
Das ist meine Freude, dass ich
dir vertrauen kann.

I'll be with You; You will guide me,
draw me ever nearer, Lord.
You will hold me by my right hand,
so I need not fall.
Whom have I in heaven but You?
And on earth who's my delight?
It is good for me to trust You,
have You at my side.[36]

*Nach Psalm 73, 23-26.28*

## WIR SIND DEIN ABENDLIED

Text und Melodie: Hans-Joachim Eckstein


Wie viel Bewahrung haben wir erfahren,
und wie viel Licht hat unsern Tag erhellt!
Wir kommen dankbar zu dir als Beschenkte;
selbst im Verlust hast du uns Trost bestellt.

Es mag noch manches Dunkel auf uns warten,
doch strahlt am Himmel als ein heller Schein
dein Wort, dass du uns liebevoll begleitest.
Du willst als Licht des Lebens bei uns sein.

Gelassen können wir der Nacht begegnen,
uns niederlegen voller Zuversicht;
geborgen sind wir in dem festen Wissen:
Der uns behütet, schläft und schlummert nicht.

Schenkst du uns, Vater, einen neuen Morgen
und lässt uns Kinder deines Lichtes sein,
so wollen wir ihn ganz mit dir gestalten;
wir schlafen oder wachen – wir sind dein.

## DAS GEHEIMNIS DES GLÜCKS

An Jesus Christus zu glauben
bedeutet nicht unbedingt,
in jeder Hinsicht
glücklich zu sein,
sondern
in Christus zu finden,
was einem noch
wichtiger wird
als das eigene Glück.

# ANMERKUNGEN

1 S. zum Ganzen: H.-J. Eckstein, Das Wesen des christlichen Glaubens, in: ders., Der aus Glauben Gerechte wird leben. Beiträge zur Theologie des Neuen Testaments, BVB 5, 2. Aufl., Münster u. a. 2007, 3-18 (wissenschaftlich); H.-J. Eckstein, Glaube, der erwachsen wird, 7. Aufl., Holzgerlingen 2008, 37 ff. (allgemein verständlich); H.-J. Eckstein, Glaube als Beziehung. Von der menschlichen Wirklichkeit Gottes, Grundlagen des Glaubens 2, 3. Aufl., Holzgerlingen 2010 (allgemein verständlich).

2 Während der Evangelist das abstrakte Hauptwort »Glaube« vermeidet.

3 1. Thess 1,7; 2,10.13; 1. Kor 14,22; oder nach Gal 6,10 als »Hausgenossen des Glaubens«.

4 Röm 13,11; Gal 2,16; 1. Kor 3,5; 15,2.11 usw.

5 Vgl. zur Erfüllungsgewissheit auch Mt 12,28 (par. Lk 11,20): »Wenn ich aber durch den Geist Gottes die bösen Geister austreibe, so *ist* die Königsherrschaft Gottes zu euch gekommen/euch erschienen.« Vgl. Mk 3,27.

6 S. zum Ganzen: H.-J. Eckstein, Glaube und Sehen. Markus 10,46-52 als Schlüsseltext des Markusevangeliums, in: Der aus Glauben Gerechte wird leben (s. o. Anm. 1), 81-100.

7 S. die reichen Belege im Matthäusevangelium: zu »glauben« Mt 8,13; 9,28; 18,6; 21,22.25.32; 24,23.26; 27,42; zu »Glaube« Mt 8,10; 9,2.22.29; 15,28; 17,20; 21,23; zu »Kleinglaube« Mt 17,20; vgl. 6,30; 8,26; 14,31; 16,8. Im Lukasevangelium s. zu »glauben« Lk 1,20.45; 8,12.13.50; [16,11;] 20,5; 22,67; 24,25; zu »Glaube« Lk 5,20; 7,9.50; 8,25.48; 17,5.6.19; 18,8.42; 22,32; zu »ungläubig« Lk 9,41; 12,46; vgl. 24,11.41.

8 Vgl. in diesem Zusammenhang auch Joh 3,36; Apg 14,2.

9 Röm 6,8; 10,9; 1. Thess 4,14.

10 Für Paulus untypisch; s. 1. Kor 13,7; vgl. 2. Thess 1,10b; Joh 11,26b.

11 S. Röm 4,3.17; Gal 3,6.

12 S. Gal 2,16; Röm 10,14a; Phil 1,29.

13 Zum Verständnis des Glaubens als eines personalen Beziehungsbegriffs im Licht der Liebe Gottes s. H.-J. Eckstein, »Gott als Vater« – das zentrale christliche Gottesverständnis?, in: ders., Wenn die Liebe zum Leben wird. Zur Beziehungsgewissheit, Grundlagen des Glaubens 3, Holzgerlingen 2010, 49-87; H.-J. Eckstein, Du liebst mich, also bin ich. Gedanken, Gebete und Meditationen, 16. Aufl., Holzgerlingen 2013.

14 Oder um es mit den traditionellen *lateinischen* Begriffen der theologischen Dogmatik zu sagen: Nur wenn der Glaube als »vertrauender Glaube« – als *fiducia* – erfasst wird, erscheinen die Gesichtspunkte der »Glaubenserkenntnis« – der *cognitio* bzw. der *notitia* – und des »Anerkennens« – des *assensus* (bzw. der *assensio*) – im rechten Licht.

15 Auch die Rede vom »Glauben Christi« u. ä. in Röm 3,22.26; Gal 2,20; Phil 3,9 spricht nicht etwa vom »Glauben, den *Christus* hatte«, sondern vom »Glauben *an* Christus« im oben beschriebenen umfassenden Sinn. So wird es durch die Formulierungen in Gal 2,16; Röm 10,14; Phil 1,29 ausdrücklich bestätigt: »*an* Christus glauben«/»*an* Christus gläubig werden«.

16 Röm 1,17; 3,26.30; 5,1; 9,30; 10,6; Gal 2,16c; 3,8.11.(22.)24; 5,5.

17 Röm 3,22.30; Gal 2,16a; Phil 3,9.

18 S. neben Röm 3,24 vor allem Phil 1,29: »Denn euch ist es *geschenkt* um Christi willen, nicht allein an ihn zu glauben …« Vgl. Eph 2,8: »Denn *aus Gnade* seid ihr selig geworden *durch Glauben*, und das nicht aus euch: *Gottes Gabe* ist es.«

19 S. Röm 3,24; 4,4.16; 5,2.15.17.20.21; 6,14 f.; 11,5 f.; Gal 1,6.15; 2,21; 5,4 u. ö.

[20] S. Röm 2,17.23; 4,2; 1. Kor 1,29-31; Gal 6,13 f.; vgl. Eph 2,9.

[21] S. Röm 3,21 ff.; 4,1 ff.; 5,1 f.; Gal 2,16; 3,1 ff.

[22] In diesen Zusammenhang der Heilsgewissheit und Zuversicht in Anfechtung und Leiden gehört auch die Erkenntnis der dem Glauben vorangehenden göttlichen Erwählung und Berufung; s. Röm 8,28-30; 9,11 f.15 f.23 f.; 11,5-7.28 f.; 1. Kor 1,27; 1. Thess 1,4; vgl. Eph 1,2-12; 2,8; 2. Thess 2,13-17; 2. Tim 1,9.

[23] S. zur Gewissheit des Heils Röm 3,2 f.; 5,1; 6,22 f.; 8,1.16 f. 28-39; 10,9-13; 11,29; 14,4; 1. Kor 1,8 f.; 10,13; 2. Kor 1,21 f.; 5,5-8; Phil 1,6.

[24] Gegenüber denen, die sich in der Gemeinde in Philippi selbst schon für »vollkommen« hielten, betont Paulus, dass er das himmlische Ziel und Christus selbst noch nicht ergriffen *habe*, aber eben von ihm bereits ergriffen *sei* (Phil 3,12).

[25] Vgl. nur Röm 8,1-14; 1. Kor 13; Gal 5,22.

[26] S. Röm 5,12 ff.; 6,1 ff.; 7,7 ff.; 8,1 ff.

[27] S. Röm 8,14-17.21.23; Gal 3,13.26; 4,5-7.

[28] Zu Gott als »Vater« s. wiederum Röm 8,14 ff.; Gal 3,26; 4,5-7.

[29] S. zu Christus als Bräutigam und der Gemeinde als Braut 2. Kor 11,2; vgl. Eph 5,25 f.

[30] Wenn man es mit philosophischen Begriffen sagen will: Gott als Schöpfer ist nicht nur als *ein* »Seiender« unter anderen vorzustellen, sondern als das »Sein« selbst.

[31] Zu Gottes Liebe als Agape (griechisch: *agapē*) im Unterschied zu Eros s. H.-J. Eckstein, Geliebt, erkannt und anerkannt. Zum Wesen der Liebe, in: ders., Wenn die Liebe zum Leben wird (s. o. Anm. 13), 111-122.

[32] Vgl. zum Ganzen H.-J. Eckstein, Glaube, der erwachsen wird (s. o. Anm. 1), 19-90; H.-J. Eckstein, Gott wird Mensch. Vom menschlichen Gottesbild zum christlichen Menschenbild, in: ders., Glaube als Beziehung (s. o. Anm. 1), 9-32.

[33] S. dazu auch Joh 20,29; Röm 4,18-21; 8,24; 2. Kor 5,6 f.; 1. Petr 1,8; Hebr 11,1.8 ff. 27.

[34] Vgl. 2. Kor 1,3 f.: »Gelobt sei Gott, der Vater unseres Herrn Jesus Christus, der Vater der Barmherzigkeit und Gott allen Trostes, der uns tröstet in aller unserer Trübsal, damit wir auch trösten können, die in allerlei Trübsal sind, mit dem Trost, mit dem wir selber getröstet werden von Gott.«

[35] S. Joh 3,16; 1. Joh 4,9 f.; Röm 5,8; 8,31 f.; Eph 2,4 ff.; zur in der Lebenshingabe erkennbaren Liebe des Sohnes s. Joh 13,1; 15,12 f.; 1. Joh 3,16; vgl. 2. Kor 5,14 f.; Gal 2,20; Eph 5,2.25b; Offb 1,5b; zur Versöhnung der Welt in Christus s. Röm 5,1-11; 2. Kor 5,14-21.

[36] Mit Noten abgedruckt in: H.-J. Eckstein, Fürchte dich nicht. Liederbuch, Holzgerlingen 2005, 2.

INHALT

# BÜCHER VON HANS-JOACHIM ECKSTEIN

**Glaube, der erwachsen wird**
Hc., 128 S., Nr. 393836, ISBN 978-3-7751-3836-9
Wenn der Glaube erwachsen wird, sucht er nach einer neuen, reifen Ursprünglichkeit, die zum Leben befähigt und den kritischen Rückfragen standhält.

**Zur Wiederentdeckung der Hoffnung**
**Grundlagen des Glaubens 1**
Hc., 144 S., Nr. 393898, ISBN 978-3-7751-3898-7
Spannende theologische Entfaltungen des Evangeliums zu den Themen: Hoffnung und Auferstehung, Frage nach Gott, Evangelium und Rechtfertigung.

**Glaube als Beziehung**
**Von der menschlichen Wirklichkeit Gottes**
**Grundlagen des Glaubens 2**
Hc., 176 S., Nr. 394458, ISBN 978-3-7751-4458-2
Einfühlsame Entfaltungen des Evangeliums laden zu einem befreienden und lebensbejahenden Glauben ein.

**Wenn die Liebe zum Leben wird**
**Zur Beziehungsgewissheit**
**Grundlagen des Glaubens 3**
Hc., 240 S., Nr. 395180, ISBN 978-3-7751-5180-1
Zu den Themen : Glaube und Erfahrung, Gott und Christus »begreifen«, das Wesen der Liebe, Gerechtigkeit und Toleranz.

**Gesund im Glauben**
**Grundlagen des Glaubens 4,**
Hc., 176 S., Nr. 395290, ISBN 978-3-7751-5290-7
Neben Gesunden im Glauben zu den Themen: Kreuzestod Jesu, Vergebung, Gesetz und Evangelium, Gemeinde

**Ich habe meine Mitte in dir**
**Schritte des Glaubens**
Hc., 128 S., Nr. 393538, ISBN 978-3-7751-3538-2
Zu den Themen: Glaube und Alltagsbewältigung

**Du liebst mich, also bin ich**
**Gedanken – Gebete – Meditationen**
Hc., 160 S., Nr. 393633, ISBN 978-3-7751-5450-5
Als Hörbuch: Compact Disc
Nr. 395168, ISBN 978-3-7751-5168-9
Zu den Themen: Liebe und Persönlichkeitsentfaltung

**Du hast mir den Himmel geöffnet**
**Perspektiven der Hoffnung**
Hc., 176 S., Nr. 393787, ISBN 978-3-7751-3787-4
Zu den Themen: Hoffnung und Lebensgestaltung

**Himmlisch menschlich**
**Von der Stärke der Schwachheit**
Hc., 160 S., Nr. 394502, ISBN 978-3-7751-4502-2
Gedanken, Gedichte und Meditationen

**Du bist Gott eine Freude**
**Glaubensleben – Lebenslust**
Hc., 192 S., Nr. 395505, ISBN 978-3-7751-5505-2
Gedanken, Gedichte und Meditationen

**Du bist ein Wunsch, den Gott sich selbst erfüllt hat**
Hc., 176 S., Nr. 395421, ISBN 978-3-7751-5421-5
Gedanken, Gedichte und Meditationen

**Von frisch verliebt bis wohlvertraut**
**Lass uns Liebe lernen**
Hc.; 176 S., Nr. 395548, ISBN 978-3-7751-5548-9
Zu den Themen: erotische Liebe und Partnerschaft,
Glaubensbeziehung und Lebensgestaltung